Justus Henry Christian Helmuth

Kurze Nachricht von dem sogenannten gelben Fieber in Philadelphia

Justus Henry Christian Helmuth

Kurze Nachricht von dem sogenannten gelben Fieber in Philadelphia

ISBN/EAN: 9783743646384

Hergestellt in Europa, USA, Kanada, Australien, Japan

Cover: Foto ©Lupo / pixelio.de

Weitere Bücher finden Sie auf **www.hansebooks.com**

Kurze Nachricht

von dem sogenannten

gelben Fieber

in Philadelphia

für den nachdenkenden Christen

von

J. Heinrich C. Helmuth
Evangelisch-Lutherischen Prediger.

Copy-Right secured according to Law.

Philadelphia:
Gedruckt bey Steiner und Kämmerer.
1793.

Vorrede.

Empfiehlt man diese Nachricht, so empfiehlt man die Witwen und Waisen; denn zur Unterstützung dieser Verlassenen hat man dieselbe dem Drucke übergeben. Der Verfasser hat daher diese unvollkommene Arbeit einer dazu bestimmten Gesellschaft geschenkt, welche vergangenen Frühjahr schon eine ähnliche Mühe für die Armen überhaupt mit dem Schrift und Tauf=Büchlein auf sich nahm.

Der Verfasser.

Philadelphia, den 10ten December, 1793.

Kurze Nachricht, ꝛc.

Jer. 9, 1.

Ach, daß ich Waſſer genug hätte in meinem Haupte, und meine Augen Thränenquellen wären, daß ich Tag und Nacht beweinen mögte die Erſchlagenen in meinem Volk.

Wer den Jammer unſrer ſchwer heimgeſuchten Stadt mit angeſehen; wen derſelbe in ſeinen Freunden und Verwandten gar ſelbſt betroffen hat, und wer nur menſchlicher Empfindung fähig iſt, der wird ohne Zweifel mit dem Propheten eine ähnliche Klage über Philadelphia in dieſen Trauertagen anſtimmen.

Es sind wohl wenige Städte, die der HErr mit seinem Segen mehr erfreuet hat als diese; aber es gibt auch wenige, welche in eine tiefere Trauer, durch seine gerechten Strafgerichte sind versetzt worden, als unser jetzt zu Philadelphia.

Freylich hat diese blühende Stadt auch schon sonst die Züchtigung des HErrn erfahren; unterschiedliche ihrer Einwohner erinnern sich noch wohl an die Sterbensnoth des 1762sten Jahres, in welchem ein ähnliches Fieber hier einige Hunderte dahin riß; viele denken sich noch mit Grauen das 1777ste Jahr, da dieser Ort ein Tummelplatz von fremden Kriegsvölkern war, die nicht nur ihn, sondern die Dreyzehn Staaten, in die Banden der Sclaverey und des Despotismus zu legen gekommen waren.

Zu wiederholten malen erschallten unsere Gassen von dem erschreckenden Geschrey von Feuer,

Feuer, und insonderheit war das 1791ſte Jahr höchſt fruchtbar an Beyſpielen von dieſer Art, da die muthwillige Bosheit gefliſſentlich unterſchiedliche Gebäude würklich angeſteckt, und über die Gegenden der Stadt ein heftiges Schrecken verbreitet hatte.

Allein nie waren alle dieſe Auftritte ſo furchtbar, ſo erſchütternd, als der geweſen, den unſere Einwohner in den verfloſſenen thränenvollen Sterbensmonaten dieſes 1793ſten Jahres erfahren haben.

Und von dieſen Monaten, ſamt deſſen was ſich in denenſelben unter uns zugetragen, eine kurze und warhaftige Erzählung zu machen, wird vermuthlich ein Dienſt ſeyn, der ohngeachtet der Trauer, womit er ſich nothwendig beſchäftigen muß, den Deutſchen Mitbrüdern doch angenehm ſeyn wird. Ohne Zweifel wird dabey einem und dem andern unſerer Leſer die Thräne ins Auge ſchießen, die desto häufiger, doch vielleicht zu seiner Erleichterung, dahin fliessen wird, je näher der hin und wieder erzählte Umstand ihm selbst angehen, und je zärtlicher und empfindsamer etwa sein Herz seyn mögte. Kann uns oft eine einzige Leiche alle Freude verbittern, und unser Herz in die tiefste Trauer versenken, was werden denn nicht einige tausende von erblaßten und zum Theil so zärtlich geliebten Freunden vermögen. In der Traurigkeit selbst findet man nicht selten eine eigene Wolluft des Herzens; und würde diese Erzählung auch nur hin und wieder eine solche Würkung haben, so würde der Verfasser glauben, er habe nicht ganz umsonst diese Mühe über sich genommen, da er sie dem Trauernden in die Hand gegeben; allein dieses sonst sanfte Trauer-Vergnügen würde von gar zu kurzer Daur und gar zu unvollkommen seyn; es würde doch nur eine Traurigkeit der Welt bleiben, die endlich den Tod würket, und der wahre Trost würde dabey

dem

dem Herzen verborgen bleiben; und eben deswegen wünscht sich diese kleine und unvollkommene Arbeit vielmehr ein grösseres Glück. Der Verfasser derselben hat das kindliche Vertrauen zu der Erbarmung GOttes, daß er vielleicht durch diese Nachricht, und mögte GOtt dis geben! ein und den andern Leser nicht nur blos traurig, sondern göttlich traurig machen wird; dis ist wenigstens seine Absicht, daß bey Durchlesung dieser unvollkommenen Schrift einer und der andere möge gezwungen werden, fühlbar auszurufen: "Auch ich habe Stroh, ja wohl Pech und Schwefel zu diesem Zornfeuer GOttes getragen; mich hats zwar noch nicht mit verzehret, ich habe aber meine Erhaltung nur der Fürbitte meines Versöhners zu verdanken: und diesen gnadenvollen Versöhner noch länger mit einer einzigen muthwilligen Sünde zu betrüben, mein GOtt! das würde Dank der Teufel, und eine Herausfoderung

an

an die Allmacht zu nahen noch schrecklichern Gerichten über mich seyn; daher, auf, O Seele! du must deine bisherigen Sündenwege verfluchen, und dich unverzüglich durch wahre Herzensbekehrung in die Arme eines noch verschonenden GOttes werfen."

Dieser kurze Bericht, welcher hier wird mitgetheilt werden, wird freylich in vieler Absicht sehr unvollkommen seyn, weil die überhäuften Geschäfte in der Zeit des uns drückenden Elendes nicht erlaubten, auf Nebendinge zu achten; man hatte vielmehr schon zu viel zu thun, wenn man nur einigermassen in der Sphäre nicht ganz unbrauchbar sich bewegen wolte, die einem der HErr zum eigenen Antheile angewiesen hatte; ich werde daher nur einen flüchtigen Blick über den traurigen Zustand der ganzen Stadt werfen, und dabey vornehmlich nur die Deutsch-Evangelisch-Lutherische Gemeine in dieser Erzählung zum Augenmerke haben; aber auch selbst von dieser

ser kan unmöglich jetzt alles berührt werden, was zu irgend einer andern Zeit gewiß als höchst wichtig würde angesehen worden seyn.

Schon in der Mitte des Augustmonats hatten wir in der genannten Gemeine eine Leiche, welche bedenklich war, doch fiel niemanden damals etwas von der Art bey, daß der schnell Verstorbene eine ansteckende Krankheit mögte gehabt haben.

Den 19ten wurde ich zu einem Manne gerufen; der zwar einen kurzen Othem hatte; der aber in seinem Gesichte gar keine Zeichen eines nahen Todes sehen ließ: und der doch den 20sten zu meiner Verwunderung schon verschieden war.

Man hatte noch immer keinen Argwohn, daß dieser Mann ein ansteckendes Fieber gehabt hätte. Den 21sten wurde ein Mann aus eben der Familie beerdiget, aus welchen vor elf Tagen die zuerst genannte Leiche begraben worden. Aber auch dis machte in der Gegend, wo diese Begräbnisse waren, noch keine widrige Eindrücke. Allein noch an demselbigen Abend hörte man von der Gegend der Waſſer- zwischen der Arch- und Rees-ſtraſſen erschreckende Nachrichten. Dort waren verständige Aerzte zu einigen Kranken gerufen worden, und diese fanden das sich dort zeigende Fieber höchst gefährlich.

Das Schrecken in dieser Gegend konte man jedem auf seinem Gesichte lesen. Wenige ſahe man von den Gesunden, die nicht eins oder das andere vor der Nase und dem Munde hielten, um durch den Geruch die böse Luft abzuhalten. Viele Einwohner fingen an, einen schaudernden Abscheu vor dieser Gegend der Stadt, zu empfinden; und wen sein Geschäfte dorthin trieb, der ging mit einem klopfenden Herzen, und eilte wieder davon, so stark als er konte.

Die

Die Kranken selbst klagten über heftiges Kopf- und Rückenweh; ihre gesammten Glieder waren wie zerschlagen. Einige hatten einen vollen, starken Puls, und diesen wurde das Othemziehen ausserordentlich beschwerlich; es schien ein beständiges Ringen mit dem Tode an ihnen sich zu offenbaren; und solche starben in drey oder vier, ja einige in einem oder zwey Tagen, und zwar unter einem Mitleid erweckenden Kampfe der Natur.

Andere klagten auch Kopf und Rückenweh; aber ihr Puls war so schwach, daß man denselben kaum fühlen konte. Einige empfanden in allen Gliedern einen heftigen, andre einen leidlichen Schmerz, und konten dieselben kaum bewegen; und diese lebten fünf bis acht Tage, und starben dann eines leichtern und sanftern Todes. Beyderley Gattungen von Kranken klagten über Uebelkeit; mußten sich erbrechen, und brachten zuletzt eine Maße heraus

aus, die ganz schwarz, oder wie verdicktes schwarzes Blut aussahe, und dabey einen höchst-widrigen Geruch von sich gab. Einigen blutete die Nase stark; die Zunge bekam einen schwarzen länglichten Strich, und sobald sich dis letztere offenbarte, so waren sie gemeiniglich ein gewisses Opfer des Todes.

Andere fielen in eine würkliche Raserey, und vermehrten, wie sich leicht schliessen läßt, das Schrecken um ein Grosses unter den Verwandten.

Die meisten wurden schon in ihrer Krankheit gelb, und behielten diese Farbe noch erhöheter nach ihrem Tode. Bey andern nahm man aber dergleichen nicht sonderlich wahr, ob sie schon alle übrige Kennzeichen dieses sogenannten gelben Fiebers an sich gehabt hatten.

Viele

Viele bekamen schwarze, rothe und blaue Flecken. Einige wurden in ihrem Gesichte, besonders um die Augenlieder und Nase, kohlschwarz. Diese gelbe und schwarze Farbe offenbarte sich auch bey unterschiedlichen, denen der HErr wieder aufhalf, so lange bis nach und nach die Natur den Gift ausgeworfen hatte.

Uebrigens war der Anfall dieser Krankheit schnell; wenige hatten sonderliche Vorempfindung einer herannahenden Unpäßlichkeit; manche gingen Abends dem Ansehen nach mit dem Gefühl von einer völligen Gesundheit auf ihr Lager, und waren schon bey Anbruch des Tages oft dem Tode nahe. Gemeiniglich machte dieser unbarmherzige Feind seinen ersten tödtenden Angriff auf den Körper mit einem starken Froste, der bey einigen in einem kürzern, bey andern in einem längern Zeitraume in Hitze und Schmerzen verwandelt wurde.

In

In eben der genannten Gegend der Wassergasse waren in wenigen Tagen s. d. szehn Personen begraben worden, ehe der obere Theil der Stadt viel von der Gefahr wußte.

Die erste Frage wurde natürlich nun diese: **Woher hat diese schreckliche Krankheit ihre Entstehung erhalten?** die Wasserstrasse ist sonst immer als eine der gesundesten Straßen in der ganzen Stadt angesehen worden, und war es auch würklich; und um so viel mehr war es auffallend, daß gerade hier eine solche Verwüstung sollte angerichtet werden. Die Meinungen der Einwohner waren bey dieser Frage getheilt; einige hielten dafür,

Dis schreckliche Fieber sey in Philadelphia sebst erzeugt;

Andere behaupteten, es sey durch ein Schiff hereingebracht worden.

Diejenigen, welche dis Kind des Verderbens

bens als einheimisch ansahen, führten folgendes zur Bestärkung ihrer Meinung an:

In dem Hause, wo in der Wasser-straſſe der erste am gelben Fieber gestorben sey, wären bald darauf noch mehrere verschieden, und da man dadurch aufmerkſam geworden, und das Haus durchſucht hätte, ſo wäre, ich weiß nicht wie viel Unrath, ja würklicher Koth in demſelben gefunden worden.

Andere fügten hinzu, daß dieſer ſehr engen und dabey so stark bewohnten Gaſſe dadurch groſſer Schaden geſchehen, daß ſeith einiger Zeit nicht ſo viel Theer in derſelben wäre gebrannt worden, weil die Schiffe ihre Ausbeſſerung mit dieſem Artickel höher, oder tiefer in der Stadt, auf Befehl der Obrigkeit hätten erhalten müſſen, da dann die Luft durch den geſunden Theer-Geruch nicht mehr, wie ſonſt in dieſer Gegend, wäre gereiniget worden.

Andere

Andere wolten den Grund der Entstehung dieses Fiebers in der Witterung; und noch andere in der zu grossen Anzahl von Menschen finden, welche seit einigen Monaten die Wohnungen zu stark angefüllet hätten.

Ich für meine Person glaube, daß diese Krankheit ein Kind eines andern Himmelstrichs sey, aber wie sie ihren Weg zu uns gefunden, das ist, so viel mir bewußt, noch nicht mit Gewißheit entschieden; die Zukunft wird ohne Zweifel mehr Licht bey dieser Frage aufstecken, wenn einmal eine genauere und ruhigere Untersuchung deswegen kan angestellt werden; unterdessen will ich hier doch im Voraus erzählen, was mir davon zu Ohren gekommen:

Es kam ein Schiff mit Caffee hier an, und bey diesem Schiffe, wie es hieß, habe sich die Krankheit zuerst und am heftigsten gezeigt. Die Obrigkeit der Stadt ließ eine Untersuchung wegen der hereingebrachten Waaren anstellen, nach welcher es als entschieden

[15]

schieden und gewiß angesehen wurde, daß dieses Schiff und desselben Ladung der Grund des Uebels nicht sey; unterdessen waren doch unterschiedliche Menschen in dieser Gegend krank geworden und auch gestorben.

Es wurde darauf ferner ausgesagt, daß einige thdte Körper von einem andern Schiffe, welches auswärts an oben genanntem Schiffe gelegen, ans Land wären gebracht worden, welche einen höchst widrigen Geruch von sich gegeben hätten. Dis sey zur Nachtzeit geschehen; Personen die dergleichen gesehen, wären gleich krank geworden, und wären auch gestorben.

Solche und dergleichen Reden mehr fand man unter den Einwohnern; doch, wie gesagt, es läßt sich mit völliger Gewißheit bis jetzt noch nichts entscheidendes davon sagen, nur dis eine macht die Vermuthung, welche eben jetzt ist berührt worden, sehr wahrscheinlich, indem dem obigen noch beygefügt wurde:

Das

Das Schiff, aus welchem todte Körper über das mit Caffee geladene Schiff ans Land sollten gebracht worden seyn, sey nach wenigen Tagen nach Kensington, einer kleinen Stadt zwey Meilen nördlich von Philadelphia gegangen, um dort ausgebessert zu werden; und gleich darauf wäre der Schiffzimmermann, der diese Arbeit unternommen, mit seinen Leuten in Kensington krank geworden, und sey, nebst unterschiedlichen seiner Arbeiter auch gestorben. [Ich selbst begleitete auch schon so früh als den 25ſten Auguſt einen Jüngling von zwanzig Jahren, einen Schiffzimmermann, zu seinem Grabe in dem genannten Kensington, der an diesem Fieber gestorben war.] Die Krankheit verbreitete sich hier auch bald unter vielen andern mehr. Camptaun hatte auch gleich seinen Antheil von diesem Elende. Wir werden in unsrer Vermuthung sehr gestärkt, daß dis Schiff den Gift zu uns gebracht, wenn wir dazu nehmen,

men, daß die Gegend das Neck genannt, ganz frey von dieser Seuche geblieben; eine Gegend, die man sonst für die ungesundeste bey der Stadt gehalten; eine Gegend, welche so nahe bey der Stadt auf der südlichen Seite liegt wie Kensington auf der nördlichen; eine Gegend, wo die Häuser nicht viel weiter von einander entfernt stehen, wie dort, und aus welcher die Einwohner täglich durch die ganze Stadt mit Milch und Gartengewächsen kommen. Es sind zwar auch hier einige gestorben, doch wird man nicht über drey oder höchstens vier zählen können, und diese waren entweder solche, welche ihre tägliche Arbeit in einer inficirten Gegend in der Stadt gehabt hatten, oder welche Verwandten und Bekannten in der Stadt in der Krankheit abgewartet, sie nach ihrem Tode angekleidet, und dann daheim die Krankheit selbst bekommen, und so ihr Leben eingebüsset hatten. Unterschiedliche Einwohner der Stadt flüchteten

C ins

ins Neck zu einer Jahrszeit, da man sich sonst gefürchtet hätte nur eine Stunde nach Sonnen-Untergang sich in demselben aufzuhalten, weil es für Leute, die der Luft und Ausdünstungen dort nicht gewohnt waren für gefährlich hier gehalten wurde; und siehe, sie waren hier sicher, es wurde meines Wissens kein einziger von ihnen krank. Nach Kensington aber wolten wenige flüchten, weil die Gegend wie die Stadt gleichfalls angesteckt war.

Wenn ich hier meine Vermuthung von der Entstehung dieser Krankheit meinen Lesern vorgelegt habe, so würde man mich völlig unrecht verstehen, wenn man glauben wolte, als ob ich GOtt in seinen heiligen Gerichten über uns hier auszuschliessen gedächte; nein, ich wiederhole vielmehr, was ich im Anfange schon bezeugt habe; ich sehe das Ganze als ein wohlverdientes Strafgericht eines gerechten aber auch gütigen GOttes an.

Es

Es bleibt eine ewige Wahrheit, welcher ich mit völliger Ueberzeugung beypflichte, wenn Amos 3, 6, fragweise bestätiget wird; "es sey kein Unglück in der Stadt das der HErr nicht schaffe." Der HErr ists, der die Sterbedrüse anhängt; der HErr ists, der die Menschen schläget mit Geschwulst, Fieber, Hitze, Brunst, Dürre, giftiger Luft und Gelbsucht." 5 Mos. 28, 21, 22. "Der HErr schicke Pestilenz unter die Uebertreter seines Gesetzes," Jer. 24, 10. Es ist nach Jes. 24, 1, der HErr, von dem es heisset: "Siehe, Er macht das Land leer und wüste;" und Verse 3, "Das Land wird leer und beraubt seyn; denn der HErr hat solches geredet."

Schwerdt, Hunger und Pestilenz sind des HErrn Bediente, die Er sendet, wenn Er will, und zurück hält, wenn's Ihm gefällt.

Es wäre keines Wunderwerks benöthiget gewesen, das pestilenzialische Fieber von Philadelphia abzuhalten; ein einziger kleiner Umstand hätte nur darzwischen kommen dürfen, so würde tausenden das Leben seyn gefristet worden; doch dieser Umstand mußte dismal nicht darzwischen kommen; GOtt wolte die Stadt heimsuchen; und fragen wir hier weiter: Warum wolte denn GOtt dis? so beantwortet uns das Wort der Wahrheit diese Frage selbst; Es heißt in dem eben angeführten Cap. 24, Jes. im 5ten und 6ten Verse: das Land ist entheiliget von seinen Einwohnern; denn sie übergehen das Gesetz, und ändern die Gebote, und lassen fahren den ewigen Bund.

Darum frißt der Fluch das Land; denn sie verschulden es, die darinnen wohnen. Darum verdorren die Einwohner des Landes, daß wenige Leute übrig bleiben. Vers 7. Alle, die von
Herzen

Herzen frölich waren, seufzen. V. 8. Die Freude der Pauken feyret, das Jauchzen der Fröhlichen ist aus und die Freude der Harfen hat ein Ende. V. 10. Die Häuser der Stadt sind zugeschlossen, daß niemand hineingehet. Und V. 17. Darum komt über euch Schrecken und Grube.

Es würde unzweckmäßig seyn, hier das "Warum denn aber hat GOtt diese Stadt gerade so heimgesucht; sind dann die Einwohner derselben besonders Sünder vor andern Sündern?" durch Anführung eines Sündenregisters zu beantworten, waran sich viele Einwohner der Erde größtentheils mit uns gleichmäßig versündiget haben.

Man erlaube mir vielmehr einige Stücke anzuführen, die schon lange jedem ernsthaften Bürger dieser Stadt höchst auffallend waren, und wodurch sich Philadelphia beynahe von allen übrigen Oertern Pennsylvaniens besonders ausgezeichnet hat. Dinge, welche natürlicher

[22]

licher Weise auch den äusserlichen Verfall der Stadt androheten.

Philadelphia war es, das an Pracht und Verschwendung unter allerley Classen von Menschen, es den meisten Städten von Nord-America in allem zuvor zu thun schien.

Philadelphia war es, das nicht ruhete, bis die Aufführung der Schauspiele gesetzmäßig bestätigt wurde; von Philadelphia aus wurde dieser Leichtsinn auch benachbarten Städten mitgetheilt. Philadelphia war, das so verfeinert in dieser Eitelkeit dachte, daß es mit grossen Kosten, eines der geräumigsten Häuser für eine neue Comödianten Bande aufbauete, als ob Ein schon gebautes Haus nicht zureichend sey, unsre ohnedem schon verwahrlosete Jugend noch mehr zu Grunde zu richten: Philadelphia war es, das mit unsäglichen Kosten, eine neue Anzahl von 70 bis 80 Comödianten, von Europa kommen ließ, die auch wirklich hier eben zu der Zeit ankamen,
da

da das Fieber am heftigsten wüthete. Philadelphia war es, in welchen viele Väter ihre 300 Thaler willig hergegeben hatten, um ein beständiges Recht zum freyen Zutritt mit Weib und Kindern bey den Lustspielen zu haben, um sich und die ihrigen desto geschwinder in alle Eitelkeit auf das tiefste zu versenken, und allen Geschmack am Ernsthaften, ich will nicht sagen, Göttlichen und Himmlischen, in ihren Herzen auszulöschen.

Drey hundert Thaler waren hier manchen eine Kleinigkeit, seiner Eitelkeit und Leichtsinn Nahrung zu verschaffen, der gefürchtet hätte, es würde ihn zu Grunde richten, wenn er so viel Schillinge für Wittwen oder Waysen auslegen würde.

Dis war gerade das Spätjahr, in welchem das neue Haus sollte eröffnet werden, auf welches man sich nicht wenig gefreuet hatte; und dis ist aber auch das Spätjahr, in welchem die neuangekommenen Leichtsinns-Söhne ne die arme Stadt in der tiefsten Trauer fanden, und mit Schrecken von dem langerwünschten Orte nach Neuyork flohen. Und mögten sie doch nie den Philadelphischen Boden wieder betreten; mögten doch die Einwohner unsrer Jammerstadt alle zusammen treten, insonderheit solche, welche sich in den Sterbens- und Schreckenstagen hier aufgehalten haben, und mit vereinigten Kräften dahin arbeiten, daß die Landesväter jene gewiß schädliche Acte wieder aufhüben, welche diese Thorheit gesetzmäßig unter uns gemacht hat.

Mir war es entsetzlich und grauenvoll zu hören, daß ohngeachtet des Elendes, das uns getroffen hat, ich sage, daß ohngeachtet dessen, hin und wieder davon soll geredet worden seyn, noch diesen Winter das neue Comödien-Haus zu eröffnen; ja, daß man, um das Publikum, oder vielmehr

GOtt

GOtt zu blenden, die Vortheile des ersten Abends für Wittwen und Waisen bestimmen wolte.

Weg mit diesen Greuel Vortheilen und Gnadengelde! Behaltet euren mit Sünde befleckten Lohn für euch, denn das ist doch alles, was ihr hier und in der Ewigkeit für eure Mühe zu erwarten habt; Witwen und Waisen weiß GOtt auf eine bessere Art zu erfreuen; Er braucht hierzu eures Eitelkeits Lohns nicht; laßt den solchen, für welche er bestimmt ist; unsere Wittwen und Waisen brauchen ihn auch nicht, denn der HErr ist selbst ihr Versorger und Vater, und wird ohne diesem, mit Leichtsinn verdienten, Gelde schon andere Wege ausfinden, daß diese Verlassene nicht verderben.

Philadelphia war es, das den ganzen Sommer hindurch den Seiltänzern, und allerley Gaukeleyen vor der Stadt so brünstig zulief,

zulief, daß man jeden Samstag kaum wuſte, wie man dem Strome von Menſchen in der Straſſe ausweichen ſollte, die entweder zu der Luſtbarkeit eilten, oder davon herkamen. Hier trug mancher ſein Geld hin, daß er höchſt nothwendig für ſeine Familie gebraucht hätte; hier zerſtreueten die meiſten ihre Herzen ſo, daß ſie an dem darauf folgenden Sonntage, entweder gar in keine Kirche kamen, oder von dem Vortrage des Wortes GOttes unmöglich Nutzen haben konnten, weil jene Thorheiten ſchon alle Gegenden des Gemüths ſo angefüllet hatten, daß unmöglich für das Ernſthafte ein Raum noch konnte gefunden werden.

Nach einem ſo luſtigen Sündenſommer trat aus gerechtem Gerichte GOttes denn freylich ein trauriger Nachſommer ein, der ſeinen Anfang nahm, da kaum der ſo beliebte und gerühmte Circus geſchloſſen worden.

Und

Und wie auffallend muß jedem denkenden Leser hierbey der traurige Umstand werden, daß gerade dieser Circus der Ort war, wohin man in dem kläglichsten Zustande die aller ersten Kranken brachte, welche wegen Armuth und Mangel der Freunde nirgends sonst konten untergebracht werden. Der Ort, der vor wenigen Wochen von dem lermenden Zujauhzen und Händeklatschen des Leichtsinns wiederhallte, war jetzt mit Wimseln und dem Röcheln der Sterbenden erfüllet, und rauschte von Händerungen der dahin gebrachten Verlassenen, wovon auch bald einige in dem äussersten Elende ihren Geist aufgaben, und wo kein einziger genesen ist.

Philadelphia war es, das sich vor andern Oertern den Sabbathsbruch so zu sagen recht angelegen seyn ließ. Man kan mit Wahrheit sagen, daß unsere Sonn- und Feyertage nach gerade die vornehmsten Sündentage wurden. Gleich mit Anbruch des Tages nahm das Gerassel der Fahrzeuge in allen
Strassen

Straſſen ſeinen Anfang; man eilte mit der Familie ſo früh ins Land als man konte, um GOtte ja nicht in ſeinem Dienſte mit redlichen Chriſten zu nahe zu kommen.

Hier brachte man den ganzen Tag mit Praſſen und Ausgelaſſenheit zu; Vater, Mutter und Kinder machten, ſammt den Dienſtboten, ein Ganzes aus, dem HErrn laut zu ſagen: *Wir achten deines Gebots von der Feyer des Tages des HErrn nichts.* Kam der Abend herbey, ſo kam man zurück, und ſtörte diejenigen nicht wenig, vor deren Verſammlungs-Häuſern man vorbeyrauſchte.

Aber, mein GOtt! wie änderte ſich die Scene in den eben verfloſſenen Monaten ſo ſchnell, ſo traurervoll! Das eilfertige Geraſſel vor Jahreszeugen, welche den Verächter des Worts GOttes und des Tags des HErrn von der gemeinſchaftlichen Verehrung JEſu,

vornehmlich

vornehmlich des Sonntags weg, und zum Leichtsinn und Weltfreude hin tragen mußten, war jetzt von früh Morgens bis in die späte Nacht mit dem langsamen dahinschleichen solcher Fahrzeuge verwechselt, welche gewiß auch gar manche solcher Sabbaths-Schänder traurig zu ihrem Grabe brachten, da vorher schon ihre Seele vor dem Richterstuhle eines GOttes die Erscheinung hatte machen müssen, welcher den gemessensten Befehl selbst gegeben; "Du sollst den Feyertag heiligen; und durch seine Boten im Neuen Testament dadurch wieder erneuert hat, wenn Er uns zurufen lässet: Lasset uns nicht verlassen unsere Versammlung --- Lasset das Wort Christi reichlich unter euch wohnen.

Gar viele, welche das Vermögen nicht hatten ins Land zu fahren, besuchten die Wein- und Bierhäuser in und ausser der Stadt, und

brachten

brachten dort mit leichtsinnigen Gesprächen, Verlästerung des Nächsten, ja dem gröbsten Spotte des göttlichen Wortes selbst zu; oder man spielte, berauschte oder balgte sich.

In den zurückgelegten Monaten traf viele dieser Saufbrüder und Sabbathsschänder der Wahnwitz; ihr Leichtsinn wurde in Todesschrecken, und ihr Lästern in Winseln und lautes Wehklagen verwandelt. GOtt! welche Auftritte haben wir von der Art gesehen; Auftritte, welche noch lange ein Schreckenbild der benachbarten Gegenden bleiben werden. Meine Feder ist nicht vermögend eine Beschreibung von der Angst zu machen, welche ben unterschiedlichen solchen armen Menschen auf ihrem Sterbelager nur zu sichtbar war.

Wenn ich nie vorher eine Ueberzeugung von den Vortheilen, die ein Christ vor dem Unchristen hat, gehabt hätte, so wären diese
Beyspiele

Beyspiele hinreichend gewesen, die ich von beyderley Art gesehen habe, eine solche Ueberzeugung in meinem Herzen zu gründen.

O Philadelphia! Philadelphia! wie oft hat dich auch dein JEsus versammlen wollen, wie eine Henne versammlet ihre Küchlein unter ihre Flügel, aber du hast nicht gewollt. Die Sonntage waren vornehmlich die heiligen Tage, an welchen dein Heiland dis Liebesgeschäfte in dir trieb; an diesen Tagen ließ Er dich oft kräftig zu sich rufen; allein, traurig zu sagen, kaum ein Drittheil, ja kaum ein Viertheil der gesammten Einwohner von dir würdigten ihrem HErrn nicht einmal den Antrag an sie anzuhören, geschweige denn sich unter seine Flügel sammlen zu lassen. Und war es so bey bewandten Umständen zu verwundern, daß Du so verwüstet wurdest?

Philadelphia war der unglückliche Ort wo Fluchen, Schwören und Meineid gleichsam ihre Residenz hatten; man durfte nur vornehmlich

nehmlich des Samstag Abends und Sonntags durch die Straſſen gehen, wenn man die ſchrecklichſten Betheurungen von Männern, ja auch wohl Weibern, Jünglingen und ſo gar Kindern hören wolte.

Philadelphia war der Ort, wo ſich eine andere Gattung von Menſchen mit einander verkuppelt hatten, die inſonderheit unſerm theuren Erlöſer Hohn ſprachen. Es war hier vor einem Jahre ſchon ſo weit gekommen, daß ein gewiſſer Prediger ein Zimmer gemiethet hatte, in welchem er ſogenannte Predigten, oder vielmehr Gift der Verführung ſeinen Zuhörern auftiſchte, woran ſich viele Ekel und Abſcheu an der Lehre JEſu eſſen ſollten. Ja, es hieß damals, daß ſogar ſchon Geld geſammlet ſey, dieſem neuen Lehrer und Verläugner der Gottheit Chriſti ein eigenes Verſammlungs-Haus zu bauen.

Um ſich eine deſto begreiflichere Vorſtellung von dem Leichtſinn dieſer Menſchen zu machen

machen, so will ich nur ein Beyspiel anführen, das allein hinreichend wäre den traurigen Verfall unterschiedlicher Einwohner dieser Stadt zu schildern: An einem gewissen Morgen, da diese leichtsinnige Versammlung mit ihrem Prediger aufbrach, und ein Vorbeygehender frug: Was die vielen Menschen an einem Sonntage auf dem Tanzboden gemacht hätten? [denn an einem solchen Orte wurden diese Vorträge gehalten--] So war die Antwort eines gewesenen Zuhörers: "Wir haben eben eine Predigt gehört, worin uns bewiesen worden, daß euer vermeinter GOtt ein Bastard der Maria gewesen."

Ich gebe hier die Geschichte, wie sie mir erzählt worden. Mir erweckte das Ganze damals ein unbeschreibliches Entsetzen, und jedem meiner Leser muß es Beweises genug seyn, daß ein solcher Ort, wenn er nicht ganz verderben solte, heimgesucht werden mußte, wie er heimgesucht worden ist.

Würde ich hier die Berührung des Registers der besondern Sünden unserer Stadt beschliessen, so müste ich mir den gerechten Vorwurf machen, daß ich von einer Sache zu reden unterlassen hätte, von welcher ich jetzt vornehmlich reden sollte.---Die Thränen der Witwen und Seufzer der Waisen haben leider immer vielfältig Ach und Wehe über unterschiedliche Menschen zu schreyen Ursach gehabt, durch welche sie um das Ihrige sind betrogen worden; und da es an solchen eigennützigen Betrügern auch in dieser Stadt in verflossenen Zeiten nie gefehlet hat, so glaub ich mit gewisser Ueberzeugung, daß auch dieses uns eben getroffene Gericht eine Erfüllung der vielen Drohungen gewesen, welche einer Stadt und einem Lande, dieser Sünde wegen, im Worte Gottes angekündiget werden.

den. Der selige Lutherus pflegte zu sagen: "Ich wolte lieber den Türkischen Kaiser mit seiner ganzen Kriegesmacht gegen mich anziehen sehen, als einen einzigen Seufzer einer Witwe im Gerichte GOttes gegen mich haben."

Witwen und Waisen nimmt die Allmacht in ihren Schutz, und wer sie antastet, wer sie übervortheilet und betrügt, der hat es mit dieser Allmacht selbst zu thun, und bringet durch solche himmelschreyende Sünde oft über ein ganzes Land und Stadt die fürchterlichsten Strafgerichte des Höchsten.

Merkt dis, ihr Vormünder, seyd auf eurer Hut; seyd um Gottes willen bis auf die geringste Kleinigkeit genau in dem, was ihr für Witwen und Waisen zu berechnen in euren Händen habt. Ihr seyd es, die gar leicht die Rückkehr einer schrecklicheren Heimsuchung dieser Stadt veranlassen können; da der

Witwen

Witwen und Waisen jetzt hier mehr sind als jemals vorher. Um Gottes willen vermehret ihren ohnedem schon überhäuften Jammer, nicht durch eure Rauigkeit, durch euren Betrug und Eigennutz, und wisset, daß der HErr insonderheit hierin ein höchst strenger Richter und Rächer nicht nur an euch selbst, sondern auch vornehmlich an euren eignen Nachkommen seyn würde.

Es würde leicht seyn, gehäufte Beyspiele von solchen Sündern anzuführen, welche Witwen und Waisen betrogen hatten, die aber auch der Unsegen Gottes theils selbst, theils in ihren Nachkommen sehr sichtbarlich traf; es würde leicht seyn, unterschiedliche solcher Menschen auszufinden, die auch in den verflossenen Monaten mit einem belasteten Gewissen, mit dem entsetzlichen Gedanken: "Ich habe Witwen und Waisen betrogen," ihren erschrockenen Geist aufgaben.

Wir

Wie ſehr wäre zu wünſchen, wenn in Philadelphia keine Sünden weiter im Schwange giengen, als ſolche, welche wir eben namentlich angeführt haben; allein ſo hat leider dieſe Stadt das mit allen übrigen groſſen Städten gemein, daß Völlerey, Hurerey, Betrug, Stolz, Geitz, Liebloſigkeit, Zänkerey, und wo ſolte man aufhören? unter uns gleichfalls den höchſten Gipfel erſtiegen hatten.

Viele hielten ſich zwar noch zu dem Gehör des göttlichen Wortes, aber die Kraft deſſelben verleugneten auch unter dieſen die allermeiſten; allein ich müßte hier nur meine Klage wiederholen, welche ich ſchon hinreichend in dem Schrift- und Tauf-büchlein vorigen Frühjahr ausgeſchüttet habe. Unſerer Stadt iſt Jahre lang auf die gewöhnliche Weiſe Bekehrung gepredigt worden; aber weil das nichts fruchten wolte, ſo hat GOtt ſelbſt auf eine ungewöhnliche aber dabey auch erſchreck-
liche

lichere Art dis Geschäfte in derselben verrichtet. Hundert, ja tausende von Leichen mußten einem jeden von uns zurufen: Bekehre dich---Bekehre dich---Und O wie würde sich das Herz aller Redlichen, wie würde sich die gekreuzigte Liebe selbst freuen, wenn dieser Zuruf GOttes einen allgemeinen Wiederhall unter den Einwohnern in Philadelphia, von einem winselnden---"Ach GOtt! Bekehre mich---Bekehre mich"! erzeugt hätte.

[Welche Menschen vornehmlich durch das gelbe Fieber hingerissen wurden.]

Da wir eben vorher der sterbenden Jünglinge und Jungfrauen gedacht haben, so merken wir in dieser kurzen Nachricht von dem tödlichen Fieber noch an, daß durch dasselbe vornehmlich Menschen von vierzehn bis vierzig Jhren hingerissen wurden. Nur wenige von Kindern oder alten Leuten wurden davon angegriffen, unter denen, welche die gesundesten und stärksten zu seyn schienen, waren

ren die Beyspiele vom Aufkommen etwas sehr rares. Menschen, die dem Ansehen nach mit dem Tode einen Bund, und mit dem Grabe einen Vertrag auf noch viele Jahre gemacht zu haben schienen; deren äusserliches Ansehen die Gewährleistung eines zu hoffenden, dauerhaften, hohen Alters zu geben schien, legte dis Fieber in einigen Tagen in Staub und Moder---Ferner, Menschen, welche den Bauch ihren Gott seyn liessen, welche insonderheit der Völlerey sich ergeben hatten, oder sonst ein leichtfertiges und unkeusches Leben führten, solche, wenn sie von dieser Krankheit überfallen wurden, waren gemeiniglich ein gewisses Opfer des Todes. Unterschiedliche Aertze, denen die Lebensart solcher Menschen bekannt war, gingen, wenn sie gerufen wurden, höchst ungern, oder gar nicht zu ihnen, weil sie im voraus vermutheten, ihre Mittel würden keine Wirkung zur Genesung des Kranken hervorbringen. Die

Die Krankheit wüthete gleichfalls ungleich heftiger unter Jünglingen und Männern, als unter Personen des andern Geschlechts.

Wie manche Witwe beweint jetzt ihren Gatten, von dem sich vermuthen ließ, er würde noch viele Jahre die Stütze einer wachsenden Familie seyn können; wie viele noch unerzogene Kinder sind vaterlose Waisen geworden; durch wie viele Häuser erschallet nicht noch jetzo die Klage: Mein Sohn --- Ach! er ist nicht mehr --- Meine geliebte Tochter --- Ach Gott! sie sind, die liebsten Kinder, im Staub und Grabe! --- Und wehe dem Vater, wehe der sorglos gewesenen Mutter, in deren Herzen der Gedanke wie Hölle auflodert: "Die arme Würmer starben, aber sie starben vielleicht durch meine Schuld trostlos; ich hatte Jesum nicht gesucht, und habe also auch sie, die Lieblinge meines Herzens, nie mit Ernst dazu erwecken können;

nen; ihren Heiland zu suchen; mein Gott! was ist aus ihnen geworden, wo sind sie hingerathen, und was wird aus mir selbst und den noch übriggebliebenen Kindern werden?

Meine Seele wandelt bey diesem Gedanken ein gewisser Schauder an; und vermuthlich wird derselbe wenige Väter und Mütter, die dis lesen, ganz ohne Empfindung lassen; und ist hier nicht der Ort, an welchem ein eigenes Wort zu Vätern und Müttern solte geredet werden? Ja, gewiß! und daher wird mans dieser kleinen Schrift nicht verdenken, wenn man noch folgendes in derselben antrift:

Der HErr hat uns unsere Kinder übergeben, um dieselben in seiner Erkenntniß und Furcht zu erziehen; über kurz oder lang fordert er dis uns anvertrauete Geschenk wieder von unsern Händen, oder der Tod löset an unserer Seite das Band zwischen uns und

F ihnen

ihnen auf; und wir müssen in seinem Gerichte ohne Zweifel dafür antworten, wie wir unsere Pflicht beobachtet, und ob wir seinem Befehle in dieser hohen Angelegenheit mit aller Treue uns gehorsam bewiesen haben oder nicht. Jeder Haus-Vater dürfte nur die einzige Geschichte des unglücklichen Eli lesen, die er 1 Sam. 2, 23-25, 30-34, und Cap. 4, 11-18, findet; und wir sind versichert, wenn er würklich aufmerksam gelesen hätte, so würden folgende Betrachtungen sich ihm darüber von selbst darstellen:

Eli versahe es in seiner Kinderzucht, und um dieser Versäumniß willen traf ihn ein schreckliches Gericht, und in dieses Gericht wurden nicht nur die Söhne dieses unglücklichen Vaters, sondern seine ganze Nachkommenschaft, ja eine ganze Nation, verwickelt.

Eli war bey weitem nicht der ganz gleichgültige, noch viel weniger der ganz gottlose
Vater

Vater, wie leider viele unserer heutigen Väter und Mütter sind, und doch das schreckliche Gericht, wofür tausenden die Ohren gelleten? Nun aber ist GOtt ja nicht ungerecht, nicht partheyisch; Er läßt niemals den einen ungestraft, wenn Er den andern so nachdrücklich heimsucht, und daher muß nothwendig ein noch erschrecklicheres Gericht solchen Vätern und Müttern bevorstehen, welche weniger aufmerksam auf die Wohlfahrt ihrer Kinder sind, wie Eli war; oder die sich wohl gar selbst als die eigenen Verführer dieser unschuldigen Schlachtopfer zum zeitlichen und ewigen Verderben beweisen.

Ich könnte mich in dieser Betrachtung leicht noch weiter ausdehnen; ich könnte hier eine gegründete Trauerklage von dem anstimmen, daß leider gar viele Väter in unserer Stadt gefunden werden, bey denen die Kinder die entsetzlichsten Flüche, und so viel andere leichtsinnige Dinge hören und sehen, daß es ein wahres Wunder seyn würde, wenn diese armen Würmer, nicht eine Beute der Hölle werden solten.

Ich könnte hier folgende Fragen anstellen, und sie einem jeden Vater oder Mutter die dis lesen, an ihr Gewissen legen:

Betet ihr mit euren Kinder, oder betet ihr herzlich und brünstig für dieselben? Wie stehts um die Familien-Gottesdienste; habt ihr Morgen oder Abend Betstunde---lasset ihr das Wort Christi reichlich unter euch wohnen; leset ihr mit den Eurigen die Heilige Schrift; ermahnet ihr sie nach derselben zum Dienste GOttes im Geist und in der Wahrheit; kennet ihr die Kennzeichen einer wahren Herzens-bekehrung, und unterrichtet ihr davon die Eurigen? Wie gehet ihr an euren Tisch; betet ihr auch, ehe ihr esset; nehmet ihr eure Speise mit Danksagung, oder trift nicht leider bey vielen die Klage ein: Das Volk setzte sich nieder zu essen und zu trinken

und

und stand auf zu spielen? Wie führet ihr eure Kinder an, den ganzen Tag des HErrn zu feyren?

Doch, ich breche hier ab; brauche obige Fragen, geliebter Leser, und lasse ein ernsthaftes Nachdenken in einer stillen Stunde noch mehrere dergleichen nöthige Fragen in deinem Herzen erzeugen.

Jetzt nur noch ein Wort an Vater und Mutter, welche Söhne oder Töchter in der letzten Krankheit verlohren haben, deren Abschied zweydeutig war, von denen sie keine gewisse Ueberzeugung eines frohen Wiedersehens haben können---Alles was euch in eurem Trauerstande kan gerathen werden, ist in diesem einzigen Zurufe enthalten: Bekehret euch zum HErrn! erkennet mit Wehmuth, daß ihr eure armen Kinder versäumt habt---denkt bey der schrecklichen Gleichgültigkeit gegen die Religion JEsu, die in euren Familien herrschend war, bey eurer Gebetlosigkeit beilofigkeit, und wo sollte man anfangen und aufhören den Familien Verfall zu beschreiben, gedenket dabey an das letzte Aechzen--die letzte Todes-Erschütteerung---das gebrochene Auge---den traurigen einsamen Leichenzug eures verstorbenen Sohnes oder Tochter--verbindet mit diesen Gedanken die Frage: Habe ich mein Kind auch nicht verwahrloset--ist es nicht etwa durch meine Schuld so trostlos gestorben, wie es dem Ansehen nach wirklich starb?---Und kan euch diese Betrachtung nicht bewegen, euren gefährlichen Zustand mit Entsetzen anzusehen und euch nach Bekehrung zu JEsu zu sehnen--nun dann--dann kan euch nichts bewegen, dann seyd ihr verstockt, bis zum äussersten Erstaunen verstockt---dann seyd ihr mit Recht der tiefsten Höllen werth.

Die Krankheit war ansteckend.

Das schrecklichste in dieser furchtbaren Krankheit war, daß wenige, welche einem solchen Kranken u nahe kamen, der Ansteckung

steckung entgehen konnten, und daß man bemerkte, daß alle solche, welche davon angefallen wurden, größtentheils auch wußten, wo sie den Saamen der in ihnen keimenden und wachsenden Krankheit aufgelesen hatten.

Bey einigen würkte dis tödtende Gift schneller, bey andern zeigte es langsamer seine würgende Kräfte. Mir sind Beyspiele bekannt geworden, daß ich gesunde, rasche Menschen heute bey dem Lager der Kranken fand, die in wenigen Tagen darauf schon beerdiget wurden, wenn zuweilen der Kranke, dem sie aufgewartet hatten, wieder anfing sich zu bessern, und auch würklich wieder auffam.

So tödtete oft unschuldiger weise der Gatte die Gattin, der Bruder die Schwester, die Eltern die Kinder, oder umgekehrt; und welche Herzschneidende Wunden dergleichen Auftritte geben mußten, das läßt sich wohl fühlen, aber mit Worten nicht beschreiben.

Nachdem

Nachdem der Eindruck sich einmal tief in die Seele gegraben hatte, daß man sehr leicht bey einem Krankenbesuche seinen Tod holen könnte, so hatte dis Theils eine höchst vortheilhafte, Theils aber auch eine traurige Würkung. Der Erfolg war nemlich in dem ersten Falle, daß man sich vorsichtiger betrug, und die Krankenzimmer nicht mit unnöthigem Besuch anfüllete, und dadurch wurde die Ausbreitung der Krankheit viel verringert; Hunderte, ja Tausende würden noch mehr hingerafft worden seyn, wenn diese Furcht sich der Herzen der Einwohner der Stadt nicht bemächtigt gehabt hätte; und in so fern war diese Furcht Glück für die Stadt. Allein eben diese Vorsicht stellte, wie sich leicht vermuthen lässet, auch unterschiedliche Beyspiele auf, wodurch die Furcht nicht nur vermehrt, sondern auch höchst schädlich wurde; kaum klagte jemand die geringste Unpäßlichkeit, so mußte diese sogleich das gelbe Fieber seyn, und

und nun entfernte sich wer konnte; man ließ den Kranken nicht selten in der grauenvollesten Einsamkeit in einem Hause ganz allein; und ohne Zweifel sind nicht wenige in dieser gänzlichen Verlassenheit verschmachtet, und ohne Rettung, die vielleicht nicht nur möglich, sondern auch wohl gar ganz leicht gewesen wäre, in die Ewigkeit gerissen worden. Man fand häufige Beyspiele, wo sich Eltern vor ihren Kindern, Gatten vor ihren Gattinnen wie vor dem Tode scheueten, und wie durch eine geheime Gewalt zurückgehalten wurden, sich dem sonst so zärtlich geliebten Kranken ja nicht zu nähern. Doch gab es, zum Trost und Rettung vieler Kranken, auch wieder solche, welche der HErr mit Muth ausrüstete, daß sie ohne Scheu den verlassenen abwarteten, und durch ihren Beystand sein Leben retteten.

Ich habe häufige Beyspiele davon mit eigenen Augen angetroffen; ich habe Menschen gefunden, die ohne Rücksicht auf Belohnung oder Verwandschaft aus blos christlich grosser Liebe, Leib und Leben in Gefahr setzten; den Kranken bey Tag und Nacht zu pflegen, und die widrigste Arbeit der Krankenwartung zu verrichten. Und nicht ohne Kummer muß ich hier hinzufügen, daß freylich keine geringe Anzahl solcher redlich denkenden Menschen in diesem Geschäfte auch ihr Grab fanden. Doch gibt es meinem Herzen keine geringe Freude, wenn ich eben sowohl auch viele zählen kan, die bey aller solcher Gefahr sind bewahrt worden, und noch bis diesen Augenblick sich einer dauerhaften Gesundheit getrösten können.

Fand ich dergleichen christlich denkende Seelen bey den Sterbelagern ihrer Bekannten;

ten; sahe ich ihren Muth, ihre geflissene Geschäftigkeit, ihre unermüdete Dienstfertigkeit und ihr uneigennütziges Verhalten, so war dis meinem damals sonst sehr bekümmerten Herzen ein ausnehmender Trost, und bestärkte mich in dem Gedanken: Der HErr sey mitten in seinem Zürnen doch noch unter uns, und habe sein Gnadenwerk in unsrer Gemeine.

Diese so furchtbare Ansteckung war etwas so allgemeines, daß selbst die Aerzte bey aller ihrer Kunst und Vorsicht größtentheils davon ergriffen und nicht wenige ins Grab gestürzt wurden, und dieser Umstand erhöhete das Elend unbeschreiblich. Es war in dem fürchterlichsten Zeitpunkte der Krankheit, daß einige der berühmtesten derselben starben, andere vor Schrecken aus der Stadt geflohen waren, und noch andere gefährlich krank darnieder lagen, und weil die noch übrigen kaum

die

die Hälfte besuchen konten, welche ihre Hülfe verlangten, so lagen nothwendig viele Kranken hülflos da.

Wie sehr dadurch der Jammer vergrössert wurde, das kan man sich nicht so wohl vorstellen, wenn man es nicht selbst mit angesehen hat. Bey dem ersten Anfall dieser Krankheit fiel jedem gleich ohnedem der Gedanke wie ein Gebürge aufs Herz, ich muß sterben. Konnte man nun auch noch dazu gar niemanden finden, der nur im geringsten durch Arzeneymittel Erleichterung verschaffen, und einen Funken der Hoffnung zur Wiedergenesung in dem Gemüthe anfachte, so nagte die Todesfurcht gar vielen auch das Leben würklich ab. Die Verwandten irreten voll Schrecken im Hause umher, oder standen in einer Entfernung von dem Elenden, oder wagten sich zum Theil auch wohl seinem Lager, doch unter sichtbarer Verlegenheit

heit näher, um irgend ein oder das andere Labsal ihm zu reichen, und selbst Mittel auf das gerathe wohl zu gebrauchen.

Und ich weiß nicht wo sich das Elend würde geendiget haben, wenn nicht Männer ins Mittel getreten wären, die eigentlich nur als eine Nebensache den Krankenbesuch sonst ansahen. Ich führe hier diesen Umstand um so viel mehr an, weil gerade ein solcher Mann nicht nur viele werthgeschätzte Glieder unsrer Gemeine wieder hergestellt, sondern auch mir einen Collegen, und der Gemeine einen Lehrer, durch den Gebrauch seiner Mittel unter dem Segen GOttes, zur Genesung verholfen hat.

Die Beerdigung der todten Körper.

Das Entsetzen vor dieser Krankheit war bald im Anfange so groß, daß man für die todten Körper keine Träger mehr finden konte,

weil

weil unterschiedliche von solchen welche Menschen, die an dieser Krankheit gestorben waren, zum Grabe getragen hatten, waren angesteckt und tödlich krank darnieder geworfen worden; Man muſte daher die Todten zu ihrem Grabe fahren.

Das Leichengefolge wurde bald gar klein, und alles entfernte ſich wo man von weitem eine Leiche kommen ſahe; Thüren und Fenſter wurden ſchnell vor derſelben zugemacht. Oft war niemand als der Fuhrmann des Körpers und der Leichenbitter bey einem Sarge, dem zu anderer Zeit Hunderte würden begleitet haben. Und hier verdient ein Mann mit dem größten Rechte, daß ſeiner beſonders gedacht werde; es iſt derſelbe unſer Leichenbitter: dieſer beſorgte nicht nur wie ſonſt die Leichen, ſondern legte in den gefährlichſten Auftritten beſtändig ſelbſt Hand an, die erblaßten Körper in die Särge zu legen; durch

seinen

seinen Muth wurde der Fuhrmann des Leichenwagens ermuntert, ein gleiches zu thun; und wie ohne diese Männer viele Körper von den unsrigen hätten zum Grabe gebracht werden können, wenn der HErr ihnen nicht diesen Muth gegeben hätten, das weiß ich nicht.

Der Tag reichte oft nicht zu die Todten alle zu begraben, weil es an Hülfe beym Grabmachen fehlte, und die ordentlichen Tottengräber unsrer Gemeine unmöglich zwanzig bis sechs und zwanzig Gräber in einem Tage allein machen konnten; man mußte daher selbst die Nacht zu wiederholten malen dazu nehmen. So traurig für alle und so grauenvoll für viele dieser Auftritt in den Strassen der Stadt war, so feyerlich ist wenigstens mir, zum Lobe meines gnadenvollen Versöhners, die nachtvolle Stille zwischen den Gräbern in unterschiedlichen Nächten gewesen, wenn ich dort auf die Leichen wartete, und unter den

neuen

neuen Hügeln beynahe ganz allein hin und her wallete.

Wie gesegnet war mir hier, Du auch einmal begraben gewesener Heiland! das Andenken an dein Grab; wie zudringlich machte mich der Gedanke: Mein JEsus wandelte auch unter den Gräbern: und wen suchte er denn da? Ach, Besessene, und Besessenen schafte er auch dort Hülfe; ey nun, hier wallet ein geistlich Besessener; aber JEsus wallet auch hier und bringet auch mir mitten unter den Gräbern Hülfe von meinem Verderben! Solche und dergleichen Gedanken, O wie belebend waren sie meiner Seele, und wie manche stille Thräne preßten sie aus meinem Auge. Ihr, die ihr bey solchen nächtlichen Leichen mit gegenwärtig waret, ach vergeßt doch des Grabes keine Stunde in eurem ganzen Leben!

Selbst

Selbst unsere Todtengräber verschonte die Krankheit nicht; beyde wurden darnieder geworfen, und einer von ihnen starb. Ein junger Mann der diesem letzteren treulich geholfen, bekam gleichfalls das gelbe Fieber, und wurde in der besten Blüthe seiner Jahre auch ein Raub des Todes. Ein anderer, der auch treulich geholfen hatte, war dem Tode gleichfalls nahe, gehet aber jetzt wieder umher.

Bey so bewandten Umständen war es kein Wunder, daß sich bey Tausenden von den Einwohnern auf die Flucht begaben. Beynahe ein Drittheil verliessen die Stadt; einige derselben hatten das Gift schon eingesogen, erkrankten im Lande, und wurden todt zu uns zurück gebracht.

Die Strassen der Stadt sahen öde aus; die meisten Waarenläger und sehr viele Häuser waren zugeschlossen; ein grosser Haufe, derer, welche in der Stadt blieben, hielten sich in den Hintertheilen ihrer Wohnhäuser auf, und schnitten selbst alle Verbindung unter der Nachbarschaft ab. Am allertraurigsten kam wenigstens mir zuweilen die Nacht vor; zwischen neun und zehn Uhr Abends herrschte gemeiniglich schon eine solche tiefe Stille in den Strassen, die man kaum zwischen zwölf und ein Uhr des Nachts sonst so gefunden hatte. Ich erinnere mich noch lebhaft an unterschiedliche Krankenbesuche, welche ich einsam und allein um jene Abendzeit machen mußte, und zwar in einer ziemlichen Entfernung von meiner Wohnung. Verschlossene Wohnungen zur Rechten und Linken, welche die Einwohner verlassen, oder die eben jetzt Sterbende in sich faßten, oder die ausgestorben waren; kaum daß einem in zwey oder drey Quadraten ein einziger Mensch begegnete, wo sonst um diese Zeit bey zwanzig oder dreyßig hin und her gingen; bey dieser

oder

oder jener Wohnung das Andenken an das Winseln und den erschütternden Todeskampf, den noch vor wenig Tagen ihre Zimmer umschlossen hatten, und das ----- doch ich breche hier ab, ich will dis Bild nicht von neuem mahlen, weil ich mir nur selbst dadurch die Trauer erneuern würde, welche oft meine Seele durchdrungen hat.

So vortheilhaft die Flucht unserer Mitbrüder in vieler Absicht uns war, so empfindlich traurig war doch ihr Abschied. Unterschiedliche von ihnen stiessen mir selbst auf, da sie forteilten; thränend reichten einige mir die Hand, und riefen denn auch wohl schluchzend aus: Ach GOtt! mögten wir doch einander lebendig wieder sehen! Mir selbst stieg dabey die Thräne ins Auge; ich eilte, und fühlte, was man bey solchen Auftritten nothwendig fühlen muß.

Weil sich die Ansteckung bald in wenigen Wochen nicht nur in der ganzen Stadt verbreitete

breitete, sondern auch die Vorstädte mit Schrecken anfüllte, so ging die Flucht der erschrockenen Einwohner in entferntere Gegenden. Was hier Menschenliebe und Gastfreyheit hin und wieder vor Proben abgelegt haben, muß billig den Einwohnern von Philadelphia unvergeßlich bleiben, und die wärmsten Wünsche für die Wohlfahrt dieser Menschenfreunde in ihren Herzen nothwendig rege erhalten. Dahingegen unfreundliches Betragen, oder auch wohl unmenschliche Rauigkeit in manchen Gegenden ein Schandfleck der Menschheit bleiben wird.

Kensington, wie schon ist erinnert worden, erfuhr das Gift der Krankheit gleich beym ersten Ausbruch derselben, und verlor viele seiner Bewohner; Camptaun, zwischen Kensington und der Stadt, zählte gleichfalls nicht wenige Leichen; das sogenante Neck kam noch am besten durch, und hieher nahmen daher

her viele Familien auch ihre Zuflucht. In der Stadt selbst litte freylich eine Strasse viel mehr wie die andere, doch blieben wenige meines Wissens ganz verschont.

Enge Gassen waren die gefährlichsten, und hier wurden die meisten dahingerissen. Nur in dem einzigen sogenanten Appletree-Alley, eine Gasse von der Länge eines einzigen Quadrats, die nicht einmal durchgängig angebauet ist, und noch dazu einige Ställe in sich fasset, starben nahe an vierzig Menschen; dahingegen die breite Markt-strasse, in ihren acht bis neun Quadraten, bey weitem nicht so viele einbüßte.

Ohne Zweifel wird der blosse Anblick der grossen Anzahl der verstorbenen, welche am Ende beygefügt ist, allerley Bewegungen in den Herzen entfernterer Leser hervorbringen, und diese werden gewiß von dem Eindrucke etwas zu lesen wünschen, den diese Trauer-Monate auf die Herzen der Einwohner der Stadt

Stadt selbst mögen gemacht haben. Allein hier würde eine geschicktere Hand erfoderlich seyn, den Umfang dieser Empfindungen zu erzählen.

Leiden der Kranken.

Mir fehlen Worte die Leiden die zum Theil entsetzlichen Leiden unterschiedlicher Kranken; die sichtbare Angst, den heftigen Kampf, die Arbeit der Natur, die gewaltsamste Erschütterung des ganzen Körpers zu beschreiben, welche sich bey vielen Sterbenden offenbarten. Freylich sanken einige sanft in die Arme des Todes; denn es war die Art dieser Krankheit, sich in sehr unterschiedlichen Gestalten zu zeigen; doch, um mit der Schrift nach dem Sinne zu reden, der vielleicht in dem folgenden Ausdruck zu suchen ist, so muß ich sagen: Die allermeisten starben--des Todes---Die ganze Macht des Todes schien auf sie loszustürmen, und sie nahmen zum Theil ein höchst banges Ende.

Trauriger

Trauriger Zustand der Gesunden.

Diejenigen, welche noch gesund unter uns waren, zeigten größtentheils, wie die Furcht des Todes auch ihre erschrockene Herzen bestürmte. Waren es Verwandte oder Bekannte, welche ihnen der Tod entrissen hatte, so war ein solches Gemische von Traurigkeit, vom Schmerz, von Wehmuth, aber auch von eigenem bangen Schrecken vor Krankheit und Tod, daß man kaum das eine von dem andern unterscheiden konte; bey einigen brach beydes in ein lautes Gewinsel, ja Geschrey aus, das über unsere Gottesäcker bey Tag und Nacht sich bey den Leichen verbreitete, bey welchen die Furcht noch Blutsfreunde oder Bekannte gegenwärtig zu seyn erlaubte.

Viele der sonst geliebtesten Angehörigen wurden so geschwind als möglich, oft wenn sie noch nicht kalt waren, aus den Häusern geschaft; für einige waren Sarg und Grab schon vorher bestellt, und jeder wolte der erste sie seyn, seinen Todten begraben zu haben; denn kaum war der Kranke verschieden, so ging der erblaßte Körper auch schon in die Verwesung, und vermehrte den Todten-Geruch um ein grosses, den er schon in der Krankheit durch das Haus und Gegend verbreitet hatte. Die ganze Nachbarschaft drang gemeiniglich mit dem größten Ernst darauf, daß die Gefahr so geschwinde als möglich von ihrer Seite entfernt würde. Wenige hatten den Muth einem Todten-Hause nahe zu kommen, noch viel weniger sich in dasselbe hineinzuwagen.

Und da ich so eben der Sterbehäuser, aber auch der Kranken gedacht, und die Empfindungen derer geschildert habe, die noch als Gesunde bey diesen Auftritten gegenwärtig waren, so wird es ohne Zweifel dem geneigten Leser nicht unangenehm seyn, wenn ich noch eins und das andere, vielleicht nicht ohne Seegen, davon beyfüge.

Des

Der Gemüths-Zustand der Kranken.

Ich wurde zu unterschiedlichen Kranken gerufen, welche bisher die Religion JEsu als eine höchst gleichgültige Sache angesehen hatten, denen aber jetzt die trostvolleste Wahrheit die war, welche lehrt, daß JEsus von Nazareth Sünder, wahre Sünder, selig machen könne und wolle---Sünder, welche ihm nichts bringen können als Sünde, weil er das Lamm ist, das die Sünden der Welt getragen hat. O, wie oft sahe ich die heissesten Thränen bey dieser Wahrheit über die Wangen sonst verhärteter Sünder fliessen! Weil ich glaubte, es sey jetzt nicht die Zeit, den erschrockenen Wurm mit Drohungen des Gesetzes noch mehr zu erschüttern, der schon über Vermögen erschüttert war; so war beständig in diesem Trauer-Geschäfte dis die Wahrheit, die ich den Kranken und Sterbenden zurief: "JEsus will auch dich Sünder und Sünderin

Sünderin noch selig machen; gib Ihm was sein ist, was er nicht hat, was er dir abgekauft, mit seinem Blute abgekauft hat; gib ihm alle deine Sünden; O, welch einen liebesvollen JEsum hast du, siehe, er will deine Sünden von dir nehmen;---wie wars möglich diesen deinen Seelenfreund so lange zu beleidigen? Aber nimm auch was dein ist, JEsu Gerechtigkeit in seinem Blute; Vergebung der Sünden und den Frieden GOttes; nimm das ewige Leben aus der Hand der gekreuzigten Liebe umsonst, ohne Verdienst---und dergleichen mehr.

Wie ich schon gesagt, es flossen Thränen, Thränen der Wehmuth, auch aus den sterbenden Augen sonst höchst gleichgültiger Sünder. Viele der Anwesenden, Gesunde oder Kränkelnde, geriethen nicht selten in die stärkste sie Bewegung; und ich --- der unwürdigste der Knechte meines HErrn, der ich in meiner ganzen Amtszeit so dürre, so unbrauchbar war, darf die unverdiente Hoffnung hegen und denken: Der HErr brauchte gnadenvoll mich Armen noch zur Rettung mancher sonst verirreten und verlohrnen Seele--und, mein GOtt! welch Glück! der Retter einer Seele seyn! Nein, für die ganze Welt ist mir die Sterbensnoth in Philadelphia nicht feil. Vergiß es doch nie, O Seele! wessen der HErr dich gewürdiget hat.

Erfolg bey einigen, die Gnaden-Mittel betreffend.

Unterschiedliche, welche seith langer Zeit sich um den Gebrauch des Heiligen Abendmahls wenig bekümmert hatten, bezeigten jetzt grosses Verlangen nach demselben---Erwachsene und durch ihre Eltern versäumte junge Gemüther begehrten mit der größten Sehnsucht die Heilige Taufe, Confirmation und das

Heilige

Heilige Abendmahl; es wurden daher auch zween Jünglinge nach kurzem Unterrichte würklich getauft, davon der eine wieder aufkam, der andere aber gleich Tages darauf starb. In eben der Familie, in welcher der ebengenannte Jüngling gestorben, wurden nicht lange darauf noch ein Knabe von dreyzehn, und einer von neun, wie auch ein Mägdlein von elf Jahren, getauft: und zwar in Gegenwart eines noch andern sterbenden Bruders.

Beyspiele von selig Sterbenden.

Doch hier sey mir auch erlaubt, noch hinzuzufügen, daß ich auch wahrhaftige redliche Herzens-Christen unter dem sonst so verschrieenen Lutherthume in diesen traurigen Tagen antraf. Ich will hier einige Beyspiele ausheben, welche meiner Seele die innigste Wonne erregt haben.

Gleich

Gleich im Anfange der Krankheit wurde ich zu einem sterbenden Jüngling gerufen; er lag in äusserster Schwachheit da; mein Zuspruch schien ihm im ganzen höchst angenehm zu seyn; er beantwortete meine Fragen, sein Seelenheil betreffend, mit vieler Freudigkeit und der gewissen Ueberzeugung: Er wisse an wen er glaube. So oft des Verdienstes seiner gekreuzigten Liebe Erwähnung geschahe, so ergoß sich ein so sanftes Lächeln über die schon erblaßten Züge seines Gesichtes, daß man es weit eher für das Lächeln eines Engels, als eines sündlichen Menschen hätte halten müssen.—Er fand und behielt in dem Tode JEsu das Leben.

Zwo theure und redliche, verehlichte Mitschwestern, die beynahe zu gleicher Zeit starben, O, welche demüthigende Inbrunst des Herzens ergoß sich über ihre sterbende Lippen! Da lagen sie als Sünderinnen, und als Sünderinnen

derinnen wolten sie selig werden, und fanden auch den süssesten Frieden in den Armen ihres Seelenfreundes.

Eine junge Mitschwester duldete einige Wochen lang die hefigsten Schmerzen; sie war aber unter denenselben geduldig, wie ein Lamm; ein paar Tage vor ihrem Ende, da sie kaum die starren Lippen mehr bewegen konte, stammlete sie folgendes mit grosser Anstrengung so heraus, daß ichs Wort für Wort verstehen konte, wie ichs hier genau wieder niederschreibe; sie sagte: O! ich leide viel, aber hier, (auf ihr Herz zeigend) hier hab ich einen Freund, der mich tröstet, meinen lieben, lieben JEsum---Sie muste hier ausruhen, fing aber bald wieder an, und wolte mir viel von einem innern Kampfe erzählen, das ich aber nicht recht verstehen konte; endlich redete sie wieder etwas vernehmlicher, und fügte deutlich hinzu: Aber das
macht

macht nichts, wenn ich meine Augen zuthue, O, dann bin ich im Paradiese GOttes, vor dem Throne meines lieben, lieben HErrn JEsu, und das wird bald, bald seyn. Sie reichte mir ihre sterbende Hand, und ich ging mit einem erfreueten und gestärkten Herzen zu andern Kranken, nachdem ich unter Loben und Danken sie dem guten Hirten der Schaafe zu seiner weiteren Pflege im Gebete empfohlen hatte.---Sie starb in zween Tagen darauf.

Eine andere noch junge Frau, welche in ihrem kurzen Ehestande viel Leiden erdulden müssen, war nur wenige Tage an dem Fieber krank, und bewieß auch hier was sie in ander Umständen bewiesen hatte---sie war äusserst gelassen; mitten in der größten Schwachheit frug sie: Ist es heute nicht Freytag? und da ihr diese Frage mit Ja beantwortet wurde, so sagte sie unter sichtbarer Freude des
Herzens:

Herzens: Ey wie schön ist das, so sterbe ich ja gerade an dem Tage, an welchem mein Heiland für mich gestorben ist; und in kurzer Zeit darauf schlief sie auch würklich noch an demselbigen Tage sanft und selig ein.

Man würde im Stande gewesen seyn, ein ganzes Buch voll von Anekdoten vieler Entschlaffenen zu schreiben, wenn die erstaunende Zerstreuung und das ermüdende Hin- und Herlaufen und fahren zu Kranken nnd Sterbenden, einem nicht oft wie ganz gedankenlos gemacht hätte; doch werden diese wenige Beyspiele dem Leser zeigen, wie es hin und wieder so selig bey gar manchen Sterbenden ausgesehen habe.

Beyspiele vom Leichtsinn bey einigen Gesunden.

Unter den Einwohnern der Stadt überhaupt bemerkte man jetzt mehr Ernst, Sitt-
samkeit

samkeit, Menschen- und Bruderliebe, als je vorher. Freylich war dis noch bey weitem nicht der allgemeine Character aller und jeder Bürger; dann gerade diejenigen, von welchen der weise König bezeugt, daß sie eine Statt frechlich ins Unglück bringen, [Sprüchw. 29, 8.] und welche der Strafe nicht gehorchen, Cap. 13, 1.--- Die Spötter---konten auch jetzt hin und wieder ihre Spötterey nicht lassen. Einer derselben wurde wegen seines Leichtsinns ernstlich von einer redlichdenkenden Christin bestraft; ihm wurde gezeigt; daß er und seine Mitbrüder hauptsächlich Stroh zu diesem Feuer durch ihr freches Betragen mit beygetragen hätten; worauf er lachend antwortete: "Das ist Thorheit, wäre dis der Fall, so müßte ich ja auch in diesem Feuer jetzt mitbrennen; aber so siehet sie ja, wie gesund ich bin; mich wird die Flamme nicht anzünden; was die Pfaffen sagen, sind Possen; GOtt bekümmert sich um diese Gerichte nicht, die haben ihre natürlichen

türlichen Ursachen. Ihm wurde nur geantwortet: Irre dich nicht, GOtt läßt sich nicht spotten. Und siehe! in zween oder drey Tagen darauf wurde der Elende begraben.

Ein anderer hatte wenige Tage vor seiner Krankheit nur seinen leichtsinnigen Spott mit dem getrieben, was er wegen dieser Heimsuchung GOttes in der Kirche gehört hatte. In der letzten Nacht seiner Krankheit überfiel ihm eine unbeschreibliche Angst; er schrie und winselte nach einem Prediger, den aber niemand wegen der weiten Entfernung und Nachtzeit holen wolte; zuletzt ergriff dis Schrecken auch seine Aufwärter, sie liefen aus dem Zimmer und liessen ihn allein; um vier Uhr morgens fand man ihn ausser dem Bette auf dem Stubenboden todt.

Ein anderer wolte leichtsinniger weise eine Wette legen, daß er von dieser Krankheit nicht

nicht würde angegriffen werden, und in zween Tagen darauf wurde er begraben.

Und wo solte man aufhören, wenn man alles niedersetzen wolte, was sich von der Art unter uns zutrug?

Wodurch das Schrecken der Einwohner vermehrt wurde.

Das Schrecken welches durch die Krankheit schon überall sich verbreitet hatte, wurde dadurch hin und wieder sehr vermehrt, indem dieselbe bey manchen in würkliche Raserey ausbrach---Einige dieser Elenden sprungen von ihren Lagern auf, entgingen zur Nachtzeit und liefen oft weit von ihrer Heimath in eine andere Gasse, ja wohl in ein fremdes Haus, wenn sie dasselbe offen fanden.

Hiezu kam noch das Aechzen und Winseln unterschiedlicher Sterbenden, welches zuweilen so laut wurde, daß es deutlich in mehreten Häusern und auf der Strasse konte gehört werden.

Sahe man dabey auf den äusserlichen Anblick derer, welche in den Strassen einander begegneten, wovon die meisten Schwämme oder Tücher vor Mund und Nase hielten, ja den Mund gar verbunden hatten; wie sich eins vor dem andern fürchtete von einander angesteckt zu werden; die tiefe Trauer in Kleidern und Gesichtszügen, die sich so häufig zeigte; das beständige Hin- und wiederfahren der Todten-Kärche, vornehmlich das Geräusch derselben zur Nachtzeit; so machte dis alles den Zustand der Stadt höchst kläglich.

Kirchliche Versammlungen.

So groß der Jammer auch war, der bey so bewandten Umständen die ganze Stadt drückte, so fehlte es doch nicht an solchen Erscheinungen, welche insonderheit unsrer Gemeine Trost gewährten, und die theils den Lehrern derselben, theils aber andern redlich denkenden äusserst erfreulich waren. Es ist schon in den vorigen Blättern eins und das andere berühret worden, was man hin und wieder an einzelnen Personen, von der Macht der Religion JEsu wahrnahm; hier fügen wir noch bey, daß der Vorzug des Christen vor den Ungläubigen sich deutlich durch die ganze Stadt offenbarte: Der Christ ist ein Liebhaber des göttlichen Wortes, und Hunderte bezeugten in diesen Trübsals-Tagen wie gern sie jetzt auch Christen seyn möchten; denn da sie sonst die Lehre JEsu verachtet, ja wohl gar verlästert und verspottet hatten, so kamen sie jetzt häufig und hörten die Predigten des göttlichen Wortes mit an; denn obschon unterschiedliche unserer Gemeinsglieder mit den ihrigen ins Land geflohen, und sehr viele die in der Stadt geblieben waren, sich fürchteten, in die Kirche zu kommen, indem in der Zeitung allerley gegen Gottesdienstliche Versammlungen aus guter Meinung eingewandt wurde; da viel andere selbst krank waren, oder Kranke oder Todte in ihren Häusern und Familien hatten, und daher zu solcher Zeit auch nicht erscheinen konten; viele auch wirklich verstorben waren: so ware ohngeachtet alles dessen doch unsere Versammlungen oft so voll, als ob nichts von alle dem statt gefunden, was eben ist angeführt worden. Wir sahen jetzt Menschen des Sonntags und in der Woche bey der Verkündigung des göttlichen Wortes, die wir sonst nie, oder doch sehr selten in unserer Kirche gesehen hatten. Und die Stille---die Aufmerksamkeit---die Rührung, welche man an unsern Zuhörern bemerkte---Ach! welch ein Anblick, welch eine sonst so seltene Erscheinung! Schon unter dem Gesange flossen gemeiniglich hin und wieder die Thränen Haufenweise, und dis vermehrte sich unter manchen Vorträgen zuweilen bis zu einem sanften Wimmern, und dann nach der Predigt---das allgemeine Rauschen des demüthigenden Kniebeugens durch unser gesegnetes Zion--das Seufzen--das Aechzen und

und der noch heftigere Thränenguß--das reuige arme Sünder-Gefühl der Lehrer, welche sich gemeiniglich aus Ueberzeugung vorne an unter die ärmsten Sünder stellten; ein Empfindungsvolles Sünden-register beichteten, und so im Namen JEsu. sich in die Arme eines versöhnten Vaters hinwarfen---Mein GOtt! welche Stunden waren diese, und wie rauschten die Todtenbeine oft in unserer sonst geschlagenen Gemeine! Mir ists unmöglich zu beschreiben, was der HErr unter uns that.

Zu diesem Segen muß auch nothwendig gerechnet werden, wie der HErr mit seinen armen Knechten es gemeiniglich zu halten pflegte; diese sahen und fühlten sehr eigentlich das Zutrauliche, das Kindliche ihrer Zuhörer; sie fürchteten keinen heimtückischen Aufpasser, der Gift aus ihren Vorträgen zu saugen gekommen war; keinen eingebildeten
Verächter

Verächter und Spötter; und dieses Gefühl gab ihnen ein warmes und liebevolles Herz, und einen offenen Mund. Hier herrschte jetzt nicht der steife Thon einer genau eingerichteten und abgetheilten Predigt nach der Mode; nein, hier redete der Freund, der Liebhaber, der Vater zu seinen Kindern; hier redete die Empfindung eines offenen Herzens; während der ganzen Zeit unseres Amtes war uns das Predigen nie ein innigeres und seligeres Geschäfte als wirs in diesen Leideswochen fanden, und nie, wie wir fest glauben, waren wir dem HErrn auch brauchbarer als in diesen Tagen. Allein hier sind wir gezwungen mit Betrübniß hinzuzusetzen, daß man uns gerade in einer Sache als Sünder gefunden hat, von der wir uns solche grosse Vorstellung des Seegens gemacht haben; man gibt uns Schuld, daß wir durch unser Kirchenhalten Schaden angerichtet hätten; man führt zu Beweise dieser gemachten Beschuldigung, die sehr grosse Anzahl der Verstorbenen

storbenen in unserer vor allen übrigen Gemeinen der Stadt an; und was das wichtigste ist, man will uns unsern Fehler aus der Schrift beweisen.

Beantwortung eines Vorwurfs wegen des Kirchenhaltens.

Wir sind gezwungen, eine kleine Antwort gegen diese Beschuldigung in diesen Blättern zu geben, weil sie im Drucke gegen uns gemacht ist. Hier ist sie:

Wir wissen es, daß der Allerhöchste nicht wohne in Tempeln, die mit Händen gemacht sind; daß Er in einem zerschlagenen und demüthigen Geiste wohne; wir wissen aber auch, daß die wenigsten Menschen zur Zeit der Gerichte GOttes, ein zerschlagenes und demüthiges Herz haben, und daß sich der HErr seines Wortes bediene, diese gesegnete Beschaffenheit in ihnen hervorzubringen; wir wissen, daß der öffentliche Vortrag des Evangelii, und die

die gemeinschaftliche Erbauung dieselbe sehr befördere; wir wissen, daß der HErr vornehmlich bey solchen wirklich zerschlagenen Seelen dann wohne, wenn sie sich zu seiner Anbetung in einem Tempel, oder irgend einem andern Hause mit andern anschliessen; denn hat unser theurer Heiland nicht die Verheissung gegeben: Wo zween oder drey in meinem Namen versammlet sind, da will ich mitten unter ihnen seyn? Hat er uns nicht durch seine Apostel zurufen lassen: Lasset uns nicht verlassen unsere Versammlung? Ist in irgend einer Sylbe der Sch ift ansteckende Krankheit oder Pestzeit davon ausgenommen worden? Tadeln wir die ersten Christen, wenn sie sich mit größter Lebensgefahr zur gemeinschaftlichen Anbetung JEsu versammleten; War es nicht in diesen Versammlungen, wo diese theuren Märtyrer Muth und Stärke sammleten

leten, mit Freuden ihr Blut um des Bekentnisses JEsu willen fliessen zu lassen? Glauben wir, daß das Gesetz der Selbsterhaltung sie würde entschuldiget haben, wenn sie deswegen die Gelegenheiten würden versäumt haben, die ihnen zu einem frohen Tode den Weg bahnten? Der enge Raum dieser Schrift verstattet nicht ein mehreres hier von dem Segen, von der gnädigen Providenz GOttes über solche Verbindung; ja auch von der Nothwendigkeit und Schriftmäßigkeit solcher Versammlungen zur Zeit der Noth zu sagen; wir fügen jetzt nur noch etwas weniges bey, was unsere Versammlungen selbst betrift, woraus erhellen wird, daß wir äusserst vorsichtig dabey waren, und uns bemüheten, sie nicht nur unschädlich, sondern nützlich zu machen.

Bald im Anfange des Elendes setzten wir unsere Abend-Betstunden aus, weil dieselben

wegen

wegen der Abendluft, nach unserer Meinung, schädlich seyn könten; und weil auch Abends vielleicht manches seine Kleider nicht wechseln mögte, die es den Tag über in den Krankenzimmern getragen. Wir bestimmten unsere Versammlungen Morgens; wir kamen in unserer grossen Kirche, und nicht länger in der kleinen, welche nahe bey dem Gottesacker stehet, zusammen; dieses geräumige Haus wurde früh Morgens vor der Versammlung geöffnet, daß die frische Morgenluft durchziehen konte; dann wurden Thüren und Fenster wieder zugemacht, und ein starker Rauch mit Wachholderbeeren und Salpeter durch das ganze Gebäude verbreitet. Nun versammleten sich unsere Zuhörer; waren sie beysammen, so öffnete man nach Beschaffenheit der Witterung, viele oder wenigere, oder alle Fenster und Thüren wieder.

Diejenigen

Diejenigen, welche Kranke daheim hatten, oder selbst nicht wohl waren, wurden ernstlich gebeten, unsere Versammlungen zu meiden; man rieth allen an, sich so weit von einander zu setzen, als es die Anzahl der Zuhörer erlauben wolte. Der Gottesdienst selbst dauerte selten über eine halbe oder dreyviertel Stunde.

In den Vorträgen blieb man nicht bey den Wahrheiten der Heils-Ordnung allein stehen, sondern streuete nach den Bedürfnissen der Zeit auch andere nöthige Puncte mit ein; dahin rechnen wir:

Eine wiederholte Einschärfung dessen, daß die Krankheit ansteckend sey, und wie man sich deswegen den Leichen und Krankenzimmern ohne Noth nicht nähern möchte:

Die Anempfehlung gewisser nöthiger und unschädlicher Mittel zur Bewahrung:

Und Warnung vor allem was schädlich
sey

sey, und die Krankheit erzeugen könte. Z. B. Unmäßigkeit im Essen und Trinken; Unreinigkeit der Kleider und des Körpers; übermäßiger Gebrauch starker Getränke; Verkältung; Erhitzung; Ermüdung, u. s. w.

Anweisung, wie man in den Krankenzimmern sich zu verhalten; was mit den Kleidern und Bettzeug verstorbener Personen anzufangen sey, und dergleichen mehr. Wir sind überzeugt, daß diese und andere Anweisungen mehr vielen das Leben gerettet haben; wir hätten sie aber nicht wohl geben können, wenn diese Versammlungen nicht wären gehalten worden.

Dabey predigten wir JEsum, den Freund der armen Sünder; den bereitwilligen und allmächtigen Arzt und Helfer in der größten Noth; wir suchten alle kindische Furcht aus den Herzen unserer Zuhörer zu verbannen, und ihnen Muth und Vertrauen auf GOtt einzuflößen;

[87]

einzuflössen; wir führten Beyspiele von Personen an, welche aus unserer Gemeine gläubig und freudig den Geist in die Hände GOttes übergeben hatten. Und wir dürfen uns hier getrost auf das Zeugniß vieler unserer damaligen Zuhörer berufen, daß wir nicht zu viel sagen, wenn wir bezeugen, daß wir gar oft den äussern Jammer beynahe vergassen, daß alle Furcht (und die Erfahrung hat gelehrt, wie schädlich diese den Einwohnern der Stadt war) aus unserm Herzen verbannet war, und wir mit kindlichem, reuigem, aber auch mit getrostem Wesen der Vaterhand GOttes uns überlassen konten, und wirklich überliessen.

Diese und dergleichen Erfolge mehr hatten unsere Versammlungen, und ob dadurch Schaden konte angerichtet werden, das wird nur der behaupten, der die Kraft der Religion nicht kennet, oder sich Vorstellungen von der Ansteckung der hier herrschend gewesenen
Seuche

Seuche macht, welche noch weit über den Gift einer wirklichen Pest geht.

Allein hier wird doch die Frage wiederhohlt werden: Woher denn aber doch die übergrosse Anzahl von Begrabenen in eurer Gemeine?

Und auf diese Frage ertheilen wir nachfolgende, gewiß befriedigende, Antwort:

Einmal, Ist die Anzahl nicht so übergroß als man denken mag; denn unsere Gemeine hat sich immer nach den jährlichen Geburts- und Todtenlisten als die zahlreichste gezeigt, wovon man sich leicht überzeugen kan, wenn man diese Listen von einigen Jahren übersehen will, und daher konte ohne ein Wunderwerk, die Anzahl auch jetzt nicht wohl anders als höher gegen andere Gemeinen gerechnet, erscheinen.

Zum andern, Wird durchgängig behauptet, daß diese tödtliche Krankheit eine weit
grössere

grössere Niederlage unter den Armen als Reichen veranlaßt habe; nun aber besteht eine sehr grosse Anzahl unserer Gemeins-Glieder aus Armen.

Zum dritten, Aus dieser Ursache blieben daher aus keiner Gemeine so viele Menschen in der Stadt als aus der Unsrigen; und waren deswegen auch in einer grösseren Anzahl der Gefahr blos gestellet, und von derselben hingerissen.

Zum vierten, Wird einem jeden auffallend seyn, wie uns selbst auffallend war, daß die Anzahl der auf unsere Gottesäcker Begrabenen vom ersten August bis zum funfzehnten September geringer war, als sie nach Vergleichung mit andern Gemeinen, und ihren in vorigen Jahren Begrabenen, hätte seyn sollen, wenn man eine Berechnung der Todtenliste darüber anstellt; nun aber hielten wir in den genannten Tagen ja unsere Versammlungen auch; ja wir brauchten alle die Vorsichtsmittel nicht, welche wir nachher zu brauchen

chen anfingen; es wohnten auch in den Gegenden der Stadt, wo die Sterbensnoth anfing, und sich in den ersten Wochen verbreitete, eben so viele Glieder unserer Gemeine als da, wo sie in den folgenden Wochen wütete; und doch wurde von dem fünfzehnten September an die Anzahl unserer Begrabenen in der Uebermaasse erhöhet, wie wir sie jetzt finden. Jeder Leser wird glauben, daß dis einen besondern Grund haben müsse, und er wird hierin nicht irren, und diesen Grund können wir denn auch, wie wir hoffen, zur völligen Befriedigung angeben: Unter den Brüdern welche die Stadt verliessen, befand sich von dieser Zeit an auch das Glied mit, welches von der Corporation bestimmt war, die Erlaubnißzettel zum Begräbniß zu ertheilen; keiner von der Corporation konte diese Mühe jetzt über sich nehmen; wir waren gezwungen, unserm Leichenbitter dieselbe aufzutragen, und zwar unter der Einschränkung, (welche aus guten Gründen zu dieser Zeit höchst nöthig war)

war) daß er jedem ohnentgeldlich, ohne weitere Untersuchung Erlaubniß geben solte, seinen Todten zu begraben; der Leichenbitter war die meiste Zeit bey den Begräbnissen, konte daher dis Geschäfte größtentheils selbst auch nicht einmal versehen, und war gezwungen dasselbe einem Kinde von acht bis neun Jahren zu überlassen, welches einem jeden, der hinkam, einen Zettel an die Todtengräber ertheilte.

Dieser Umstand wurde bald durchgängig bekannt; es war in der ganzen Stadt kein Begräbnißplatz, wo man mit leichterer Mühe seinen Todten hinbringen konte, als der Unsrige, und da ohnedem unser Leichenbitter und Fuhrmann die Erblaßten selbst in den Sarg legten, und die Freunde derselben sich nach keiner andern Hülfe umzusehen hatten, so kamen jetzt auch um dieser wichtigen Bequemlichkeit willen Menschen von allen Gegenden, und auch gar viele, die sich sonst nie zu unserer

Gemeine

Gemeine bekannt hatten, und liessen ihre Todten auf unsere Gottesäcker begraben; ich weiß nicht genau, wie viele man in unserer Todtenliste zählen könte, die wir sonst auch dem Namen nach nicht einmal gekannt haben; aber gewiß ist ihre Anzahl groß. Und wer wird sich jetzt noch wundern, daß auch die Anzahl unserer Begrabenen so übermäßig groß von der genannten Zeit an geworden ist. Sicher wird niemand, wenn er alles dis überlegt, den Grund davon in unsern Gottesdienstlichen Versammlungen länger finden.

Die Anzahl derer, welche den Gottesdienst besuchten, und von ihnen krank wurden oder starben, ist vielmehr klein gegen die Anzahl derer, welche niemals, oder doch selten in unsere Versammlungen kamen, und doch bey uns begraben wurden; ich habe noch von keinem einzigen gehört, von dem man mit Gewißheit hätte vermuthen können, er habe den Samen der Krankheit in der Kirche gesammnicht set; und von dem man nicht vielmehr weit andere und gegründetere Ursachen der Ansteckung hätte angeben können.

Weil uns viel daran liegt, jedem unserer Leser zu zeigen, daß der öffentliche Gottesdienst zu der Sterbensnoth nichts beygetragen habe, so fügen wir noch folgenden Umstand bey: Aus der Armen Gesellschaft unserer Gemeine sind in den verflossenen Monaten vier und zwanzig verschieden; einer starb vier Hundert Meilen von hier; fünf kamen beständig in die Kirche, von diesen aber wurden drey durch den nahen Umgang mit Kranken angesteckt; nur von den übrigen beyden wissen wir dis nicht mit der Gewißheit als von den ebengenannten drey Brüdern; die übrigen achtzehn konten den Gift in der Kirche nicht sammlen, weil sie, nach dem Zeugniß unterschiedlicher Mitglieder der genanten Gesellschaft, vermuthlich aus Furcht, selten
oder

oder gar nicht in diesen Tagen dieselbe besuchten. Erlaubte uns die Zeit eine genaue Untersuchung anzustellen, so ist uns gar nicht bange, wir würden auch bey den beyden genanten Personen einen ganz andern Grund der Ansteckung finden, als den Kirchengang. Wir fügen noch bey, daß unsere Todtenliste mit vieler Genauigkeit gehalten wurden; ob diese strenge Genauigkeit in allen andern Religions-Verbindungen beobachtet worden, wissen wir nicht; nur dis erlaube man uns zu sagen: Wir glauben die Liste der gesammten Todten müßte nach unserer Einsicht, da wir die Todtenwagen in den Strassen hin und wieder täglich gesehen, nothwendig grösser seyn, als dieselbe ist angegeben worden.-- Vielleicht sahe hin und wieder jemand dis Gericht als etwas an, das nur die Gottlosen beträfe, und es that ihm daher wehe, so viele Menschen von dieser Art in seiner Gemeine zu finden; wir im Gegentheil glaubten, daß in allgemeinen Gerichten der HErr keinen Unterschied mache; wir glaubten, da so manche redliche Seele in denenselben abgefodert wurde, daß diese Sterbenszeit eine Erndte für den Himmel sey. Wir könten überdem von unterschiedlichen die Namen anführen, die sich zu einer Religions-Verwandschaft bekannten, welcher in der Entfernung vorgab: von ihnen stürbe niemand; welche auf unsere Gottesäcker sind beerdiget worden.

Trost in den Trauer-Wochen.

So unangenehm uns diese Abweichung von dem lieblicheren Pfade war, auf welchem wir unsern Lesern am Ende dieser Nachricht nur das angenehme zeigen wolten, was sich in der Heimsuchung GOttes unsern Augen darstellete; so nöthig war es doch, diese kleine Vertheidigung unserer kirchlichen Versammlung beyzufügen; und jetzt kehren wir wieder zur Erzählung dessen zurück, was unsern Herzen

zen die Noth noch weiter erleichterte, und denenselben noch mehr Trost einflößte.

Haus-Gottesdienst.

Diese Sterbenstage waren es, in welchen der sonst so vernachläßigte Haus-Gottesdienst wieder einen gesegneten Anfang in unterschiedlichen Familien nam; und auch hierbey fehlte es nicht an solchen Auftritten, welche manchem Hause unvergeßlich bleiben werden. Wir führen davon, zur Aufmunterung unserer Jugend, hier nur ein Beyspiel an: Eine junge Mitschwester munterte an einem Abend das ganze Haus auf mit ihr gewisse Lieder zu singen, welche sie in einem Büchlein mit eigener Hand zusammengetragen hatte. und die alle auf Jesum hinwiesen, und zum Theil von einem seligen Sterben handelten; sie war mit vieler Munterkeit die Vorsängerin der ganzen Gesellschaft; dis erbauliche Geschäfte dehnte sich bis auf elf Uhr des Nachts aus, und niemand zeigte in der Familie mehr Leben und

und Eifer als diese Jungfrau, und siehe, dis war der letzte Abend ihres Lebens, an welchem sie in dieser Welt singen konte, denn in einigen Tagen darauf war sie eine Leiche. Aber ohne Zweifel mußte ihr dis Geschäfte noch eine gesegnete Vorbereitung zu einem so nahen Tode durch die Gnade JEsu werden.

Trost aus dem Elende selbst.

Wir rechnen zu den Segen dieser Tage die trostvollen Empfindungen, die der Glaube bey dem grossen Jammer zuweilen hervor brachte; Empfindungen, die der HErr durch sein Wort gemeiniglich den Lehrern zuerst einflößte, und welche diese in den häufigen Vorträgen ihren Zuhörern wieder mittheilten.--- Und es wird mir vielleicht nicht verdacht werden, wenn ich aus meinem Tagebuche, wenigstens von Einem Tage, Wort vor Wort hier niedersetze, was ich an demselben empfand; ich will einen Tag wählen, der uns dem höchsten

ſten Gipfel des Jammers ſehr nahe brachte; es war der 5te October, gerade der Samſtag vor der Woche, in welcher unſere Gemeine Ein Hundert und Dreyßig Glieder verlor. Der Leſer kan ſich leicht vorſtellen, daß bey ſo bewandten Umſtänden unſere arme Gemeine voll von Kranken ſeyn mußte, und daß der Jammer und die Sterbens-Noth dieſer Kranken bey dem Beſuche den Muth eines Lehrers hätte nothwendig nehmen müſſen, wenn der HErr ſeine Unterſtützung ihm verſagt hätte; allein zum Preiſe der Gnade wird auch hierdurch in Demuth öffentlich bekannt gemacht. Der HErr verließ uns nicht; Er half uns! Es heißt von dem 5ten October in dem genannten Tagebuche wie folget:

"Frühe wacker---Mannigfaltiges Gedrän-
"ge des Herzens--Mein Gebet elend, ſo elend,
"als es in langer Zeit nicht war. Mein
"Herz ſo kalt, wie die Witterung heute Mor-
"gen von auſſen war. Spruch

"Spruch: "Lehre mich thun nach deinem
"Wohlgefallen"----Meditirte über Jes. 66,2:
"Ich sehe an den Elenden."----Ging
"mit einem belasteten Herzen der Kirche zu--
"Auf dem Wege wurde die ohnedem schon
"grosse Noth einer mir theuren Familie durch
"die Erzehlung einer gewissen Freundin, noch
"sehr vergrössert, und dis vergrösserte auch
"meine ohne dem schon grosse Unruhe---Pre-
"digte über Jes. 66, 2. Unter dem Vortrage
"that sich mein armes Herz auf---O, wie
"kont ich evangelisiren! Dank sey Dir, mein
"theurer Erbarmer!--Fuhr ins Neck--Be-
"suchte darauf folgende Kranke in der Stadt."

Hier folgen ohngefehr dreyßig Namen von
solchen Personen, davon in wenigen Tagen
darauf auch schon zwölf begraben wurden---
Darauf heißt es weiter:

"Gesegneter Abend----heilige, feyerliche
"Einsamkeit---der Gedanke: Die Stadt ist
elend

"elend---so viele Familien elend---der
" HErr aber siehet auf die Elenden; und
" wer wolte denn nicht gern an einem
" Orte seyn, wo der HErr in Gnaden
" hinsiehet? Dieser Gedanke war mir so
" trostvoll, daß ich allen Jammer darüber ver-
" gaß.---

" O, theures, gesegnetes Philadelphia, jetzt
" mehr als je gesegnet, denn der HErr siehet
" auf dich---Wohl mir! ich bin in dir, und
" so siehet der HErr auch auf mich, durch Chri-
" stum in Gnaden---Dieses Ansehen fasset
" den ganzen Alt und also auch den ganzen
" Neu Testamentischen Segen in sich ; in dem-
" selben ist die Gnade JEsu; die Liebe
" des Vaters, und die Gemeinschaft des
" Heiligen Geistes begriffen.---

" Wohl dir, O, Seele! du hast es gut!
" Hin und wieder Kniebengen, wenn ich kaum

zu

"zu reden anfange in Kranken- und in Ne-
"benzimmern---Ach, welch' ein Hunger nach
"GOttes Worte; gelobet sey unser guter
"HErr!"

Meine Leser werden das Abgebrochene eines Aufsatzes übersehen, von dem man nie die Vermuthung hatte, daß derselbe je zu irgend etwas sonst, als zu eigener Erweckung auf die Zukunft, würde gebraucht werden.

Trostvoll war uns das Mitleiden, welches man uns bey unserm Jammer bezeugte: wie sich dasselbe thäthig über alle Arme der Stadt von unterschiedlichen Gegenden her verbreitete; und wie die hiesige Committee mit reichen Geschenken unterstützt wurde, die armen Kranken auf Buschhill zu versorgen, und auch der Witwen und Waisen sich anzunehmen, das ist in andern allgemeinen Berichten schon bekannt gemacht worden: wir

berüh en

berühren in dieser Nachricht nur kürzlich das, was zunächst unsere Gemeine betrift, und dahin rechnen wir

Einmal, Die Liebesgaben, welche man unsern Witwen und Waisen übermachte---Die Lancaster Gemeine war die erste und die wohlthäthigste; nie werden die Lehrer der Evangelischen Gemeine in Philadelphia den Trost vergessen, den sie damals aus diesem Liebes-beweisen mitten in allem ihren Gedränge schöpften; aber nie müsse es auch unserer ganzen Gemeine aus dem Andenken kommen, wie schwesterlich sie in dieser Absicht behandelt worden; Germantaun folgte jenem Christlichen Beyspiele nach, und beyden Gemeinen wird hiemit der wärmste Dank, im Namen unserer armen Witwen und Waisen, für diese Liebes-Probe abgestattet.

Zum andern war es uns trostvoll, so oft wir von unsern Brüdern im Lande hörten;
Dieser

dieser Trost wurde zu wiederholten mahlen durch Zuschriften so erhöhet, daß wir uns über den Jammer hinwegschwingen, und statt der Klagen mit Loben und Danken vor dem HErrn erscheinen konten. Jesus Christus erfülle diejenigen Prediger und andere Brüder mit eben dem und einem noch grössern Troste in ihrem Tode, welchen sie durch ihre Briefe unsern Herzen, in der größten Todes-Gefahr, eingeflößt haben.

Zum dritten war der Segen einer warmen Fürbitte so vieler Redlichen unsern Herzen eine gewaltige Unterstützung; wir konten es so zu sagen fühlen, daß viele andere, auch wohl weit entfernte theure Brüder, an dem Joche ziehen halfen, das uns manchmal zu schwer werden wolte. Und was wird nicht erst die Ewigkeit von allem diesem zu unserer gemeinschaftlichen Freude entdecken; GOtt!
wie

wie werden sich unsere Herzen dort, wenn sie nicht mehr bey deinen Gerichten bluten, in lauter Himmels-Wonne mit einander vermischen, und auch insonderheit für die hier empfundene Leiden, dich mit ewigem Jubel preisen. Amen. Halleluja!

Todten Liste

Von den

Monaten August, September u. Oktober

In

Philadelphia, 1793.

August.

Tage.	Evangel. Luther.	Christ Kirche.	St. Pauls.	St. Peters.	Erste Presbyter.	Zwote Presbyter.	Dritte Presbyter.	Erste Schottländ. Presb.	Zwote Schottländ. Presb.	St. Marien.	Dreyeinigkeits Kirche.	Quacker.
1		1		2	1		2					1
2						1	1			2		2
3				1			1			2		2
4	4	1					1		1	1		2
5	1	1							1			
6	2	1										
7		1	1									7
8	1					1				1		
9	2	2			1	1	1					2
10	2	1		1			1					
11	4						2					
12										2		2
13	2					1				2		1
14							1					
15	2									3		
16	1		1	1								
17	1				1							1
18	1								1			1
19	1		1		1		1			1		3
20		1								3		1
21	1	2			1					2	1	

Tage.

August.

Tage.	Freye Quacker.	Evang. Reform.	Mährische Brueder.	Schwaben.	Tauffgesinnte.	Methodisten.	Juden.	Kensington.	Toepfers Acker.	Ganze Anzahl.
1		1	1							9
2		1						2	1	8
3			2					1		9
4										10
5								5	2	10
6										3
7			1					2		12
8		1						1		5
9								1	1	11
10									1	6
11									1	7
12									1	5
13		1	1					1	2	11
14								1	2	4
15		1						1	2	9
16		1						2	1	7
17		1						1	1	6
18								2	1	5
19									1	9
20		1							1	7
21									1	8

Tage.

August.

Tage.	Evang. Luther.	Christ. Kirche.	St. Pauls.	St. Peters.	Erste Presbyter.	Zwote Presbyter.	Dritte Presbyter.	Erste Schottlaend. Presb.	Zwote Schottlaend. Presb.	St. Marien.	Dreyeinigkeits Kirche.	Quaeker.
22	1		1			2				4		3
23	3			1						2		2
24					3	1	1			2	1	5
25	3	1				2	1			2		1
26	4	2		2		1				3		1
27	3	1			2					2		
28	2	5			3	1	2			3		1
29	4	4	1		2		2	1		2	1	3
30	3	1			1					4		4
31	7	2			1	1				3		

September.

1	4	1				2	1	1				
2	3						2			2		5
3	2	1		1		3	1					2
4	4	3	1		1	2				2	1	2
5	2				4	1	1					1
6	5				2	1	2			2		1
7	3	1				1	1			1	1	2
8	4	2		1	1	4	2			2		3
9	7		2		1		1			1	3	6
10	5	3			1	1				2	3	1	6

Tage.

August.

Tage.	Freye Quaeker.	Evang. Reform.	Haetische Brueder.	Schweden.	Taufgesinnte.	Methodisten.	Universalisten.	Juden.	Kensington.	Topfers Acker.	Ganze Anzahl.
22										2	13
23		1								1	10
24		1								3	17
25									1	1	12
26		1							2	1	17
27				1					1	1	12
28		3								2	22
29										3	24
30		3							1	3	20
31										3	17

September.

Tage.	Freye Quaeker.	Evang. Reform.	Haetische Brueder.	Schweden.	Taufgesinnte.	Methodisten.	Universalisten.	Juden.	Kensington.	Topfers Acker.	Ganze Anzahl.
1			1						2	5	17
2		1							1	4	18
3										3	11
4		3							2	2	23
5		3							1	5	20
6		1							2	7	24
7									1	7	18
8		4		2					1	16	42
9		1							1	13	32
10		1							1	4	29

September.

Tage.	Evangel. Luther.	Christ Kirche.	St. Pauls.	St. Peters.	Erste Presbyter.	Zwote Presbyter.	Dritte Presbyter.	Erste Schottlaend.	Zwote Schottlaend.	St. Marien.	Dreyeinigkeits Kirche.	Quaeker.
11	3	2		1	1	1			1			2
12	2	1	6	2	1				2			3
13	3	1		1	1				3		1	7
14	5	2	2	1	3	3	1		4		4	4
15	9	4		2	1	1	3	1	5		1	10
16	12	4	1	2	2	3	1		4		3	10
17	21	1	1	1	1	4	2		5		2	7
18	10	3		4	2	4	2		6		2	7
19	9	4		2	2	3	2		4			5
20	7	3	1	1	1	2	2		3		5	6
21	8	3		8	1	2	1		6			6
22	7	6		1	2	3	1	1	1			6
23	8	1	2	3		4			5		2	7
24	12		2	5	4	4	2		9			8
25	5	4	2	2		4	4	2	6			8
26	6	2	1		3	1			1		1	5
27	6	3	1	1	3	1	4	1	6		1	4
28	4	1	1	1	1	1	1					2
29	7	4	3		2	2	3	1	4		1	10
30	4	4	2	1	1	3			6		1	8

Tage.

September.

Tage.	Freye Quaeker.	Evang. Reform.	Haerliche Brueder.	Schweden.	Taufgesinnte.	Methodisten.	Unverfallten.	Juden.	Kensington.	Toepfers Acker.	Ganze Anzahl.
11			1						3	8	23
12	2	1							2	10	33
13	2		1						1	10	27
14	2								2	15	48
15	1	1	1						2	14	56
16	7		1						3	14	67
17	7								3	26	81
18	4		2						3	19	68
19	5								2	23	61
20	1		3						5	27	67
21	2		1						4	21	57
22	6	1	1						7	33	76
23	6								9	21	68
24	4								8	38	96
25	5		3						7	25	87
26	5		1						1	25	52
27	5								2	14	60
28	5		3						2	29	51
29	3		1						2	14	57
30			2						2	22	63

Oktober.

Tage.	Evangel. Luther.	Christ Kirche.	St. Pauls.	St. Peters.	Erste Presbyter.	Zwote Presbyter.	Dritte Presbyter.	Erste Schottlaend.	Zwote Schottlaend.	St. Marien.	Dreyeinigkeits Kirche.	Quaeker.
1	12	4	5	2	1	3	4			4		8
2	5		1	1	3	1	2		2	3	1	9
3	10	3	3	1	2	3	3			3	1	7
4	6	1	4	2		2	2		1	3		3
5	11		1	2		2	3			1	2	12
6	14	4	1	5	2		2	1		5		5
7	12	7	1	3	1	1	5	1	2	1	2	9
8	21	3	3	2	1	2	5		2	3	2	5
9	19	5		1	1	1	2		1	7	1	4
10	26	7	2		2	2	2			3	1	6
11	21	4	5	2	1	3	2			3	1	12
12	17	1	2	2	1	4	1			6	1	1
13	20	6		3		1		1	1	4	1	9
14	17	5	1			1	5			2	2	3
15	14	3	1	3	1	2	1			4	1	9
16	10	1	2	1	2	4	2		2	6	1	4
17	16	5	2	3					3	3		10
18	11		1	2		4		1		5	1	5
19	14	2		3		4	1			4	2	2
20	11	2		3		3	2			4	1	4
21	8	4			2	3	1			5	2	4
22	19	2			2	3	2		2	5	2	7
23	10	1			1	3				5	3	
24	8	1		1		3				2		2

Tage.

October.

Tage.	Freye Quacker.	Evang. Reform.	Herrische Brueder.	Schweiz.	Taufgesinnte.	Methodisten.	Universalisten.	Juden.	Kensington.	Toepfers Acker.	Ganze Anzahl.
1	3		2						8	21	74
2	5									31	66
3	4	1							2	33	78
4	5		2					1	1	27	58
5	3	1	4						3	26	71
6	4		2							34	76
7	7	6	2						2	25	82
8	6		3						3	33	90
9	8	1	1						3	50	102
10	6	1	2					1	1	31	93
11	8		5						2	50	119
12	12		1						8	44	111
13	5		1						4	48	104
14	7	1	7						2	29	81
15	7		2						3	29	80
16	2		2						2	29	70
17	7		2						1	28	80
18	3	1	1						2	22	59
19	2		1						2	27	65
20	6		1						1	17	55
21	4		1						1	24	59
22	2		1						2	31	82
23	7								1	23	54
24	4				*					17	38

October.

Tage.	Freye Quaeker.	Evang. Reform.	Baerische Brueder.	Schweden.	Taufgesinnte.	Methodisten.	Universalisten.	Juden.	Kensington.	Toepfers Acker.	Ganze Anzahl.
25	2								2	10	35
26	2	1							1	5	23
27	2									6	13
28	3	1							1	6	25
29	2									6	17
30	1								2	6	16
31	4									8	22

Dreyeinigkeits Kirche.	Quaeker.	Freye Quaeker.	Evang. Reform.	Baerische Brueder.	Schweden.	Taufgesinnte.	Methodisten.	Universalisten.	Juden.	Kensington.	Toepfers Acker.	Ganze Anzahl.
3	43		17	6						25	39	325
19	159		92	4	24					82	474	1444
30	163		143	9	45				2	57	776	1998
52	365	39	252	13	75	50	32	2	2	164	1289	3920

Tage.

October.

Tage	Evang. Luther.	Christ Kirche.	St. Pauls.	St. Peters.	Erste Presbyter.	Zwote Presbyter.	Dritte Presbyter.	Erste Schottlaend.	Zwote Schottlaend.	St. Marien.	Dreyeinigkeits Kirche.	Quaeker.
25	8	5			1	2	1	1	1	1	1	
26	5	2		1		1	1	1			1	2
27	1	1	1					1				1
28	6	1		1	2						4	
29	4	1					1			1	2	
30	3	1		1						2		
31	7									2		1

	Evangel. Luther.	Christi Kirche.	St. Pauls.	St. Peters.	Erste Presbyter.	Zwote Presbyter.	Dritte Presbyter.	Erste-Schottlaend.	Zwote Schottlaend.	St. Marien.	Deutschetheil von H.B.
August.	55	27	5	16	12	13	16	2	0	46	
September	204	64	29	43	34	60	42	6	14	94	
October.	366	75	16	45	26	55	47	4	19	99	30
S. Anzahl.	625	167	70	107	72	128	105	12	33	239	30

Wetter Beobachtungen

Wie dieselben durch

David Rittenhouse, Esq.

In Philadelphia sind gemacht worden.

August, 1793.

	Barometer.		Thermometer.	
	6 A. M.	3 P. M.	6 A. M.	3 P. M.
1	29. 95	30. 0	65	77
2	30. 1	30. 1	63	81
3	30. 5	29. 95	62	82
4	29. 97	30. 0	65	87
5	30. 5	30. 1	73	90
6	30. 2	30. 0	77	87
7	30. 12	30. 1	68	83
8	30. 1	29. 95	69	86
9	29. 8	29. 75	75	85
10	29. 9	29. 9	67	82
11	30. 0	30. 0	70	84
12	30. 0	30. 0	70	87
13	30. 5	30. 0	71	89
14	30. 0	29. 95	75	82
15	30. 0	30. 1	72	75
16	30. 1	30. 1	70	83

Wetter

Wetter Beobachtungen

Wie dieselben durch

David Rittenhouse, Esq.

In Philadelphia sind gemacht worden.

August, 1793.

	Wind.		Wetter.	
	6 A. M.	3 P. M.	6 A. M.	3 P. M.
1	W N W	N W	wolkigt	helle
2	N W	S W	helle	helle
3	N	N N O	helle	helle
4	S	S W	helle	helle
5	S S W	S W	helle	helle
6	S W	W	wolkigt	helle
7	N W	W	helle	helle
8	S S O	S S O	helle	regen
9	S S W	S W	wolkigt	helle
10	W	S W	helle	helle
11	S W	W S W	wolkigt	wolkigt
12	W	W	helle	helle
13	S W	W	helle	helle
14	S W	S W	helle	regen
15	N N O	N O	regen	wolkigt
16	N N O	N O	elleh	helle

Barometer.

August,

	Barometer.		Thermometer.	
	6 A. M.	3 P. M.	6 A. M.	3 P. M.
17	30. 1	30. 0	71	86
18	30. 1	30. 0	73	89
19	30. 1	30. 1	72	82
20	30. 1	30. 12	69	82
21	30. 15	30. 25	62	83
22	30. 3	30. 35	63	86
23	30. 25	30. 15	63	85
24	30. 1	30. 1	73	81
25	30. 1	30. 1	71	66
26	30. 15	30. 2	59	69
27	30. 2	30. 2	65	73
28	30. 2	30. 15	67	80
29	30. 16	30. 15	72	86
30	30. 1	30. 1	74	87
31	30. 0	30. 0	74	84

September.

	Barometer.		Thermometer.	
	6 A. M.	3 P. M.	6 A. M.	3 P. M.
1	30. 0	29. 30	71	86
2	29. 75	29. 8	73	86
3	80. 0		60	
4	30. 15	30. 15	55	75
5	30. 15	30. 1	62	80

Wind

August.

	Wind.		Wetter.	
	6 A. M.	3 P. M.	6 A. M.	3 P. M.
17	S W	S W	helle	helle
18	Wind stille	S W	helle	helle
19	N	N	helle	wolkigt
30	N N O	N N O	helle	helle
21	N	N N O	helle	helle
22	N O	S O	helle	helle
23	Wind stille	S	helle	helle
24	Wind stille	Wind stille	wolkigt	regen
25	N O	O N	regen	starker regen
26	N O	N O	wolkigt	wolkigt
27	N O	N O	wolkigt	wolkigt
28	S	Wind stille	wolkigt	aufhellend
29	Wind stille	S W	wolkigt	helle
30	Wind stille	S W	helle	helle
31	S W	S W	regen	helle

September.

	Wind.		Wetter.	
	6 A. M.	3 P. M.	6 A. M.	3 P. M.
1	Wind stille	S W	nebel	helle
2	S W	S W	helle	helle
3	S W	S	helle	helle
4	W	W	helle	helle
5	S O	S	helle	wolkigt

Barometer.

September.

	Barometer.		Thermometer.	
	6 A.M.	3 P.M.	6 A.M.	3 P.M.
6	29.97	29.95	70	89
7	30. 0	30. 0	65	77
8	30. 1	30. 1	64	70
9	30. 0	30. 0	66	80
10	30. 0	30. 0	64	72
11	30. 1	30. 0	62	72
12	29.96	29. 9	58	76
13	29.95	30. 0	57	72
14	30. 0	30. 5	58	79
15	30. 0	29.97	65	80
16	29. 9	29. 0	70	84
17	29. 8	29.85	66	67
18	30. 3		44	
19	30. 4	30.35	45	70
20	30. 3	30.15	54	69
21	30. 0	29. 0	59	78
22	30. 0	30. 0	63	83
23	30. 1	30. 1	62	81
24	30. 2	30. 2	65	70
25	30.15	30. 0	61	68
26	29. 8	29. 7	58	79

Wind

September.

	Wind.		Wetter.	
	6 A.M.	3 P.M.	6 A.M.	3 P.M.
6	WSW	W	helle	wolkigt
7	WNW	W	helle	helle
8	Wind stille	Wind stille	wolkigt	wolkigt
9	SO	NW	regen	helle
10	N	NNO	helle	wolkigt
11	NNO	N	wolkigt	helle
12	NW	NNW	helle	helle
13	NW	N	helle	helle
14	NW	NW	helle	helle
15	N	S	helle	helle
16	S	SW	wolkigt	helle
17	N	N	wolkigt	wolkigt
18	N		helle	
19	Wind stille	SW	helle	helle
20	Wind stille	SO	truebe	truebe
21	Wind stille		wolkigt	helle
22	Wind stille		wolkigt	helle
23	Wind stille	SO	wolkigt	wolkigt
24	NO	ONO	wolkigt	helle
25	NO	NO	wolkigt	wolkigt
26	N	N	wolkigt	helle

* *.   Barometer.

September.

	Barometer.		Thermometer.	
	6 A.M.	3 P.M.	6 A.M.	3 P.M.
27	29. 7		64	
28	30. 5	30. 15	54	73
29	30. 3	30. 3	56	74
30	30. 35	30. 3	57	75

October.

	Barometer.		Thermometer.	
	7 A.M.	2 P.M.	7 A.M.	2 P.M.
1	30. 15	30. 5	64	80
2	29. 9	30. 5	70	72
3	30. 2	30. 15	50	72
4	29. 75	29. 7	59	72
5	30. 0	30. 1	58	66
6	30. 3	30. 3	43	66
7	30. 45		46	
8	30. 6	30. 6	53	68
9	30. 5	30. 4	53	70
10	30. 2	30. 2	49	74
11	30. 0	29. 85	51	74
12	26. 6	29. 55	58	64

September.

September.

	Wind.		Wetter.	
	6 A.M.	3 P.M.	6 A.M.	3 P.M.
27	N W	N W	wolkigt	helle
28	N W	N W	helle	helle
29	N O	O N O	wolkigt	helle
30	Wind stille	S W	neblige	helle

Oktober.

	Wind.		Wetter.	
	7 A.M.	2 P.M.	7 A.M.	2 P.M.
1	S W	S W	wolkigt	helle
2	W	N N W	wolkigt	helle
3	W	S W	helle	helle
4	S W	W	wolkigt	wolkigt
5	N	N	helle	helle
6	N O	W	helle	helle
7	Wind stille		helle	
8	N	N	helle	helle
9	N W	N W	helle	helle
10	O	N W	helle	helle
11	W	W	helle	hell
12	S W	N W	regen	regen

Barometer.

October.

	Barometer.		Thermometer.	
	7 A.M.	2 P.M.	7 A.M.	2 P: M.
13	29.85	29.9	59	69
14	30.5	30.0	52	76
15	29.75	29.8	56	51
16	30.0	30.0	37	53
17	30.1	30.1	37	60
18	30.1	30.1	41	62
19	30.0	29.9	51	66
20	30.0	30.0	44	54
21	30.0	30.2	49	59
22	29.6	29.5	51	65
23	29.8	29.8	47	66
24	30.3	30.4	36	59
25	30.4	30.3	46	71
26	30.2	30.2	60	72
27	30.3	30.3	44	44
28	30.2	30.1	34	37
29	29.85	29.85	28	44
30	30.1	30.1	28	49
31	30.15	30.2	42	45

Wind.

October.

	Wind.		Wetter.	
	7 A.M.	2 P.M.	7 A.M.	3 P.M.
13	NW	NW	helle	helle
14	SW	SW	stille	helle
15	SW	N	helle	regen
16	NNW	N	helle	helle
17	NO	NO	helle	helle
18	NW	NW	helle	helle
19	N	N	wolkigt	helle
20	NW	N	helle	helle
21	N	NW	helle	helle
22	NW	NW	helle	helle
23	W	W	helle	helle
24	W	NW	helle	helle
25	S	S	wolkigt helle hoh. w.	
26	Wind stille	SW	wolkigt	wolkigt
27	NNO	NNO	wolkigt	wolkigt
28	N	N	wolkigt	wolkigt
29	NNW	NW	helle	helle
30	Wind stille	SW	trübe	trübe
31	Wind stille	NNO	wolkigt	regen

Nachempfindungen

Bey dem Grabe Seiner Wohlehrwürden des Herrn Johann Hermann Winkhauses, Evangel. Predigers der Deutsch-Reformirten Gemeine in Philadelphia, welcher den 7ten October, 1793, begraben wurde.

Mel. O Haupt voll Blut, ꝛc.

1.

Nun fliesse, heisse Thräne!
  Benetze sanft das Grab:
Es deckt der Tugend Schöne.
  Dort liegt der Pilgrimstab
Von Hundert warm Geliebten;
  Hier fand ihr Fuß die Ruh;
Sie winken den Betrübten
  Von diesen Hügeln zu.

2.

Die Freundinn ruft den Gatten:
  Hier, Bester! wohnt sichs gut!
Des Grabes kühler Schatten
  Verlöscht des Fiebers Glut.

Hier

Hier ruhen Töchter, Söhne,
Hier schläft der fromme Freund:
Hier trocknet jetzt die Thräne,
Die sonst der Gram geweint.

3.

Doch, da zu meiner Rechten?
Wer fand denn dort sein Grab?
Ist Ers? den von den Knechten
Des HErrn hier deckt das Grab;
Ist **Winkhaus** auch verschieden?
Ach, ja! ihn traf der Tod;
Durch Arbeit und Ermüden
Fand Er den frühen Tod.

4.

Er reifte, wie im Halme
Der junge Weitzen reift:
Im Kranken=Dunst und Qualme
Stand Er oft wie ersäuft.
Wo Furcht und Schrecken thronten
Stand Er, wie Felsen stehn:
Wo Gift und Tod selbst wohnten,
Da konte man Ihn sehn;

Da

5.

Da hörte man ihn flehen;
 Da goß er Trost umher;
Und GOtt von seinen Höhen,
 Ließ dann kein Herze leer:
Des Todes Schrecken schwunden;
 Der Trost vermehrte sich,
Weil Sterbende hier fanden,
 Was selbst im Tod nicht wich!

6.

Auf, weine laut, Gemeine!
 Denn dein Verlust ist groß.
Hier ruhen die Gebeine
 Im kühlen Erden-Schooß:
Hier ruhet W e i b e r g s Hütte;
 Und, GOtt!--auch W i n k h a u s schon!
In Seiner Tage Mitte
 Kam Er zu seiner Kron.

7.

Sie waren beyde Knechte
 Des grossen, frommen HErrn.
Sie priesen seine Rechte
 Mit Fleiß, mit Muth und gern.

Doch,

Doch, GOtt! nur wen'ge Jahre,
  So sanken beyde hin;
So folgt man Ihrer Baare
  Schon mit betrübtem Sinn.

8.

Ihr Mund ist nun geschlossen;
  Die Lippe regt sich nicht!
Die Ströhme, die sonst flossen
  Vom Trost, von Gnad' und Licht,
Die sind anjetzt versieget!
  Du stehst verwaiset da,
Weil dort im Moder lieget,
  Das Trost dir brachte nah.

9.

Ja, Brüder! auch wir klagen
  Mit Euch den Trau'r Verlust;
Weil wir, was Euch drückt, tragen,
  Eu'r Leid preßt uns're Brust.
Mit Schwester-Liebe flehen
  Wir billig zu dem HErrn:
Ach, GOtt! hilf aus den Höhen
  Der Schwester bald und g